親密な関係間の性暴力の判断に関する心理学的研究

北風　菜穂子　著

風　間　書　房

まえがき

「性犯罪の予防はできない。加害をする人はする。だから私たちは被害者を助けること（＝トラウマへの効果的な治療）に力を注ぐべき」。尊敬する臨床心理士の先輩からの一言だ。レイプによるトラウマを抱える被害者の傷つき、苦しみは想像を絶するものであり、大切に歩んできた人生が破壊され、自ら命を絶つこともある。そのような被害者の苦しみ、痛み、自責感を軽減し、彼らの人生をとりもどすことは何より優先すべきことである。

しかし、それだけで足りるだろうか。被害者、そして加害者もひとりで生きているわけではない。社会的な環境の中に生きている。特に親密な関係のなかで生じるレイプは、コミュニティの中で生じ、継続し、潜在化しているのである。同じ職場で、学校で、地域で、そして家庭の中で。力による支配、男性優位、多様性への不寛容、自文化中心主義など、暴力が容認されるような社会の中にあっては、被害を訴えることも支援を求めることも非常に難しくなる。結果、被害者は孤立し、コミュニティから排除されてしまう。

今日、クライエントの健康と幸福を促進するためには、個人の深層に迫る一対一の心理支援だけでなく、多面的、包括的なアプローチによる心理支援を行うことが求められている。レイプの被害者個人だけでなく、その家族や友人、恋人（マイクロレベル）、警察、医療、司法、行政、学校（メゾレベル）、社会通念（マクロレベル）まで、被害者に影響を与えうるあらゆるレベルでの予防的介入が必要である。

本書は親密な関係間で生じる性暴力について予防の観点から検討された心理学的研究の報告である。性暴力に関する実態調査では、交際相手や友人などの親密な関係間での性暴力被害（デートレイプ）の割合が高いことが示されている（野坂・吉田・笹川・内海・角谷, 2005他）。デートレイプにおいては、

身体的暴力や脅迫は必ずしも存在せず、心理的に強制された状態などを含むため、ステレオタイプと異なり、レイプと判断されないという問題がある。デートレイプの判断は、司法判断や被害者支援にも影響を及ぼす社会的に重大な問題であるにもかかわらず、国内の臨床心理学的な研究領域においては、十分に検討されて来なかった。本書の目的はデートレイプの判断に影響を及ぼす要因を詳細に検討し、レイプの発生予防や被害者への早期の支援、二次被害の防止等、親密な関係間での性暴力予防のための基礎資料を得ることにある。デートレイプの発生予防（一次予防）、早期発見・早期介入、再被害の予防（二次予防）、デートレイプによるトラウマ症状の重篤化の予防（三次予防）の各段階において、理論的根拠となる研究成果が必要である。

　本書には4つの研究が掲載されている。【研究1】では順序構造分析によるデートレイプの判断の男女差の検討、【研究2】ではデートレイプの判断に対するレイプ支持態度、デートレイプ状況の2つの影響要因の検討、【研究3】ではデートレイプの判断に対するレイプ支持態度、判断者の立場の2つの影響要因の検討、【研究4】では模擬裁判員裁判実験によるデートレイプの判断に対する教育的介入の効果の検討が行われた。4つの研究から、第一に、レイプ支持態度がデートレイプ判断に及ぼす影響、第二に、デートレイプ判断における男女差に関する知見が得られた。総合的考察では、コミュニティ・カウンセリング（Lewis, Lewis, Daniels, & D' Andrea, 2003 井上監訳2006）とマクロ・カウンセリング（井上, 1997; 2004; 2006）の理論的枠組みに基づいて、デートレイプ被害者に対する包括的な心理支援システムをどのように構築していくかについて、研究成果をもとに論じた。

　本書がデートレイプの被害者と加害者、その周囲の人々、そして彼らを包摂するコミュニティの人々に届くことを願っている。

目　　次

まえがき

第1章　序　　論……………………………………………………… 1

　1．問題の所在……………………………………………………… 1

　　1．1　レイプをめぐる社会文化的動向（～1990年代まで）…………… 1

　　1．2　レイプをめぐる社会文化的動向（2000年代以降）…………… 3

　　1．3　レイプの定義の問題 ……………………………………… 4

　　1．4　レイプの実態 ……………………………………………… 6

　　1．5　レイプが被害者にもたらす影響 ……………………… 8

　　1．6　デート場面で生じるレイプの特徴 …………………… 9

　　1．7　デート場面で生じるレイプに対する判断の問題 …………11

　2．デートレイプの判断に関する先行研究の検討………………12

　　2．1　本研究におけるデートレイプの判断とは ………………12

　　2．2　判断者の要因 ……………………………………………13

　　2．3　状況要因……………………………………………………22

　　2．4　教育的介入による態度や判断の変容……………………25

　3．第1章のまとめ………………………………………………27

第2章　本研究の目的 ………………………………………………31

iv

第3章　強要と同意の判断の男女差に関する順序構造分析（研究1）
　　　　　………………………………………………………………35
　　1．問題と目的……………………………………………………………35
　　2．方　　法………………………………………………………………37
　　3．結　　果………………………………………………………………39
　　4．考　　察………………………………………………………………44

第4章　レイプ支持態度とレイプ状況が判断に及ぼす影響：
　　　　強要戦術と被害者の心情による検討（研究2）………53
　　1．問題と目的……………………………………………………………53
　　2．方　　法………………………………………………………………54
　　3．結　　果………………………………………………………………61
　　4．考　　察………………………………………………………………74

第5章　レイプ支持態度と判断者の立場が判断に及ぼす影響
　　　　（研究3）………………………………………………………81
　　1．問題と目的……………………………………………………………81
　　2．方　　法………………………………………………………………83
　　3．結　　果………………………………………………………………87
　　4．考　　察………………………………………………………………96

第6章　レイプ支持態度とレイプに関する教育的介入が判断に及ぼ
　　　　す影響：模擬裁判実験における有罪・無罪判断および量刑
　　　　判断の男女別検討（研究4）………………………………101
　　1．問題と目的……………………………………………………………101
　　2．方　　法………………………………………………………………102
　　3．結　　果………………………………………………………………108

4．考　　察………………………………………………………………123

第7章　総合的考察 ………………………………………………………129
　1．デートレイプの判断に影響を及ぼす要因：レイプ支持態度と
　　　男女差の観点から…………………………………………………………129
　　1．1　レイプ支持態度の観点からみたデートレイプの判断 ………………129
　　1．2　デートレイプの判断における男女差…………………………………131
　　1．3　デートレイプの判断に関する研究結果の臨床心理学的応用可能性 …133
　2．本研究の臨床心理学的、コミュニティ心理学的意義…………………133
　　2．1　デートレイプの判断におけるレイプ支持態度の影響に関する研究の
　　　　　臨床心理学的・コミュニティ心理学的意義…………………………133
　　2．2　デートレイプの判断における男女差の臨床心理学的・コミュニティ
　　　　　心理学的意義 …………………………………………………………135
　3．デートレイプに対する包括的な心理支援システムの構築に向けて　136
　　3．1　RESPECTFUL（人間尊重）カウンセリングに基づくデートレイプ
　　　　　に対する包括的心理支援のあり方の検討 …………………………136
　　3．2　マクロ・カウンセリングの視点とマクロ・カウンセラーの役割………138
　4．本研究の限界と今後の課題…………………………………………………141
　　4．1　本研究の意義 …………………………………………………………141
　　4．2　本研究の限界と今後の課題 …………………………………………142
　5．結　　語………………………………………………………………………142

引 用 文 献 ……………………………………………………………………145
あ と が き……………………………………………………………………………157

第1章　序　　論

1．問題の所在

1.1　レイプをめぐる社会文化的動向（～1990年代まで）

　本項では、親密な関係間の性暴力の判断の問題を論じるにあたって、まずレイプが性暴力として認識されるまでの社会文化的背景についてまとめる。

　Vigarello（1998 藤田訳 1999）によれば、近世以前の西欧社会において、レイプは道徳的犯罪・瀆聖の行為と考えられており、被害者も加害者とともに罪を犯しているとされ、裁判所ではほとんど訴追されなかった（p. 39-59）。所有者である夫や雇い主からのレイプはレイプとして認識されることはなく、所有者以外の男性から被害にあうことは、女性にとっての人権侵害ではなく、所有男性の権利侵害として理解されていた（p. 72-77）。近代社会が成立した18世紀末には、法律の上でレイプが道徳的罪から社会的罪へと変わり（p. 140）、19世紀末には裁判において肉体的暴力と脅迫や脅威などの精神的強制力がレイプの定義において明確にされたが、この時点でもレイプが被害者に与える精神的苦痛について考慮されることはなかった（p. 300）。

　20世紀に入り、米国では1960年代に始まった反戦運動、人権運動、女性解放運動に端を発し、1970年代には第二波フェミニズム運動が発展した。男性から女性に対する暴力についてフェミニズムに影響を受けた研究者による検討が行われるようになり、裁判においてもレイプによる被害者の心理的苦痛が重要視され、強要と同意の有無がレイプの判断基準とされるようになった（p. 305-332）。レイプやドメスティック・バイオレンス、ポルノグラフィなど

の様々なかたちであらわれる男性の暴力は、生物学的動因の「自然な」発露や男性の生得的特性ではなく、社会的に作り出され、しばしば社会的に正当化された文化的現象とみなされるようになった（Edwards, 1987 横山訳 2001, p. 51）。

1980年代には女性たち自身の定義に着目した研究が行われた。Kelly（1987 喜多訳 2001）は、警察や裁判所等の公的機関やシェルター等のボランティア機関を通じて調査参加者を募るだけでなく、新聞や雑誌に広告を出して、自主的に参加を申し出た女性たちへの詳細なインタビューを行った。インタビューでは、女性たちがパートナーからの性行為に応じるようにという圧力を感じてNoと言うのが困難な場合があること、そして、そのような性行為は "レイプではないが、合意の性行為でもない" ととらえていることが明らかにされた。また、脅しや身体的暴力によって強制された性行為についても、その経験を女性がレイプと定義することは容易でなく、フォローアップインタビューを受けることを通して、定義づけが行われた例もあったという。これらの結果について、著者は「性暴力の連続体（Continuum of sexual violence）」という概念を用いて、女性の異性愛間性行為の経験は合意かレイプかではなく、圧力による選択から力による強制までの連続体上に存在するとの認識を示している。

これらのフェミニズムに影響を受けた研究は、女性への暴力というそれまで問題とされてこなかった問題を認識することに貢献した。上野（2009）によれば、「ジェンダーや世代間の関係にあらかじめ非対称的な権力関係が埋め込まれており、権力をもつ者からもたない者への暴力は、自明視され、「問題」とさえみなされてこなかったが、概念が生まれたことによって、問題を認識し、言語化することができるようになった」のであった。性暴力を性暴力として認識するかどうかはその社会や文化によって異なる。宮地（2008）によれば、性暴力を蔓延させてきたのは、社会がそれを性暴力とみなさなかったということ、そして被害者もそれを内在化させられ、自分を被

第1章　序　論　3

害者だと思えず、沈黙させられてきたことからきている。この性暴力の潜在
化の問題は現在も解決したとは言えないだろう。しかしながら、2000年代に
入り、国内においてもいくつかの重要な社会変化があった。それについて
は、次項でまとめる。

1.2　レイプをめぐる社会文化的動向（2000年代以降）

　2000年以降のレイプをめぐる社会文化的な動きとして、国内の法律の制
定・施行、そして被害者と支援者によるアクションについて理解することが
重要である。

　まず、桶川ストーカー殺人事件を機に議員立法され、2000年に制定・施行
（2016年に一部改正）された「ストーカー行為等の規制等に関する法律（スト
ーカー規制法）」である。警察庁の発表（2017）による2016年のストーカー事案
の相談件数は22,737件で、2012年以降高水準で推移している。ストーカー規
制法違反による検挙件数も769件を記録し、過去最多となっている。

　また2001年に制定・施行された「配偶者からの暴力の防止及び被害者の保
護等に関する法律（DV防止法）」は、2004年、2007年、2013年と三度の改正
が行われている。2013年の法改正より、生活の本拠を共にする交際（婚姻関
係における共同生活に類する共同生活を営んでいないものを除く。）をする関係にあ
る相手方からの暴力についても対象となった。2016年の配偶者からの暴力事
案等の相談件数は69,908件となっており、10年前の2006年の20,992件と比較
して3倍以上に増加している（警察庁, 2017）。さらに、配偶者からの暴力事
案等については、傷害罪、暴行罪といった刑法・特別法による検挙件数が増
加し、2016年では8,291件となり、過去最多を記録している。

　そして、2017年には強制性交等罪を含む、実に110年ぶりの刑法改正が行
われた。刑法における性犯罪処罰規定の構成要件等は、1907（明治40）年の
同法制定以来、制定当時のものが基本的に維持されてきていたが、第3次男
女共同参画基本計画（内閣府男女共同参画局, 2010）において、女性に対するあ

らゆる暴力の根絶が重点分野の一つに掲げられ、それに向けて2015年度末までに実施する具体的施策として、性犯罪に関する罰則の在り方の検討をすることとされた。これを受けて、法務省に「性犯罪の罰則に関する検討会」が設置され、2014年10月から2015年8月にかけて、関係者からのヒアリング2回を含む計12回の会議が開かれた。その後、法制審議会での審議を経て改正法案が作成され、2017年3月に閣議決定、6月に国会で成立、7月13日に施行された。刑法改正の内容については次項で述べるが、これらの法律の制定・施行の動きを何より後押ししてきたのは、被害当事者と支援者による協働であったことをつけ加えておきたい。

1.3 レイプの定義の問題

「レイプとは何か」という問題は、あらゆる領域の研究者、司法・警察関係者、支援者、そして被害者自身にとって、非常に重要な問題であるが、未だ一致した見解が得られていない。なぜならレイプを「レイプ」として認識するかどうかはその社会や文化と切り離せない問題だからである。

米国の全国犯罪被害調査（NCVS: National Crime Victimization Survey）は、警察統計とは異なり一般市民を対象として行われる実態調査であるが、その中ではレイプ（rape）と性暴力（Sexual Assault）をそれぞれ以下のように定義している（U.S. Department of justice, 2016）。レイプは「身体的な力による強制のみならず心理的な強制も含む、強要された性行為。強要された性行為とは加害者による挿入を意味する。レイプ未遂も含む。女性被害者、男性被害者、異性間性行為、同性間性行為の全てを含む。レイプ未遂には、レイプするという脅しも含む。」。性暴力は、「レイプ既遂または未遂を除く、幅広い被害。被害者や加害者の間で生じる望まない性的接触を伴う攻撃や、攻撃未遂など。被害者の体をつかんだり、撫でさするといった暴力的行為があったかどうかは問わず、言葉による脅しも含まれる。」と定義され、調査実施マニュアルの中に明文化されている。

一方、国内の調査ではどのように定義されているであろうか。藤岡（2006）は、「他者の意思に反して性行為を強要すること」を性暴力であると定義し、男性も女性も被害者になりうると述べている（p. 13）。そして同意の有無、対等性の有無、強要性の有無の三点が性暴力かどうかの判断基準になるとしている。性暴力かどうかを分けるうえで本人の同意の有無が重視されるようになったことは、被害者の性的自己決定権、性的自由を尊重し、個々人のセクシュアリティの多様性を尊重するという意味で重要であり、近代的人間観、リベラリズムの価値観を反映している（宮地, 2008）。性暴力という用語を使うとき、それが「性を手段とした暴力である」（藤岡, 2006 p. 10）という本質を強調する意味があり、レイプ概念を広く性的な暴力全般をさす言葉であるととらえると、性暴力とレイプはほぼ同義である。

このようにレイプを身体的な力による強制のみならず、心理的な強制も含む行為として捉え、本人の同意があったかどうかを判断基準とする考え方が国内外の研究者の中で共有される一方で、日本の刑法における強姦罪の構成要件については、それらが反映されたものでないことが指摘されてきた。2017年の刑法改正以前の状文は以下のとおりである。「刑法第一七七条（強姦）暴行または脅迫を用いて一三歳以上の女子を姦淫したものは、強姦の罪とし、三年以上の有期懲役に処する。一三歳未満の女子を姦淫したものも、同様とする」。

2017年の刑法改正によって、強姦罪は強制性交等罪と名称が変更され、一部の構成要件と法定刑の見直しが行われた。被害者の性別を女性に限定していた旧法に対し、改正法では被害者の性別を限定せず、また肛門性交、口腔性交も含むより広範なものとなった。また、法定刑を3年以上の有期懲役から5年以上と引き上げた。これに伴い集団強姦罪等は廃止され、引き上げられた法定刑の範囲の中で判断されることになった。また、新たに監護者わいせつ罪および監護者性交等罪が新設され、18歳未満の者を監護する者であることによる影響力を利用したわいせつ行為、性行為について処罰の対象と

6

なった。しかし教師やスポーツ指導者など監護者にあたらない者からの加害行為については、現行どおりである。そして、これまで強姦罪、強制わいせつ罪、準強姦罪、準強制わいせつ罪を親告罪としていた第180条を撤廃し、非親告罪化した。このような変更が加えられた一方で、強制性交等罪における「被害者の抵抗が著しく困難になる程度の暴行や脅迫を用いていること」、いわゆる「暴行脅迫要件」の緩和は見送られている。

本研究においては、刑法における強制性交等罪を含む、より広範で基本的な定義を用いることとする。レイプとは、1）強要された性行為、2）被害者の意思に反して、または被害者の同意なしに行われた性行為、3）被害者が精神的・身体的に無力な状態での性行為、4）法的な性的同意年齢（日本では13歳）未満の相手との性行為を指す。この定義は、Parrot（1988 富永訳2005）を参照している。

1.4　レイプの実態

一体どれほどの人がレイプの被害に遭っているのであろうか。ここでは、これまでに行われてきた国内外の実態調査の結果を概観する。

米国では、1980年代にKossらによって大規模な実態調査が行われた。the Sexual Experience Surveyは、言葉による強制や力ずくによる脅しから、身体的暴力によって達成されるような性行為までの性的経験を把握するために作成された、男性の加害経験と女性の被害経験の自己報告式の尺度である（Koss & Oros, 1982; Koss & Gidycz, 1985）。米国の大学生6159名（男性2972名、女性3187名、平均年齢21.4歳）を対象に行われた調査報告によれば、女性の14歳以降の被害経験率は、言葉による強制や権威を使った望まない性的接触が14.4%、言葉による強制や権威を使った望まない性行為の強要が11.9%、アルコールや薬物の使用、身体的暴力によるレイプ未遂が12.1%、アルコールや薬物の使用、身体的暴力によるレイプが15.4%であった（Koss, Gidycz, & Wisniewski, 1987）。同調査での男性の加害経験率は、望まない性的接触が

第1章　序　論　7

10.2%、望まない性行為の強要が7.2%、レイプ未遂が3.3%、レイプが4.4%であった。

　被害経験率の高さとともに、この調査によって明らかにされた重要な点は、報告されたレイプ被害の85%が顔見知りからの被害であり、57%がデート場面で発生した「デートレイプ」であったことである。さらに、これらのレイプ被害者のうち、5％しか警察に届け出ていなかったことから、警察の統計に表れない圧倒的多数の被害が"hidden rape"であることが明らかにされたのである（Koss, 1985; 1989）。

　この結果を受けて、実際のレイプは、「見知らぬ人が藪のかげから襲い掛かってくるといった類のもので、被害者は若くて魅力的で、襲われると反撃し、すぐに警察に届けて証拠も取っておくものだ」（Parrot, 1988 富永訳 2005, p. 31）という、一般的に理解されている典型的レイプ（stereotype rape）とは性質が異なるものであることが理解されるようになった。それ以降、欧米の研究者の間では、顔見知りからのレイプや、デート場面におけるレイプについての関心が高まることになった（Lonsway, 1996）。

　一方、日本国内でも、1990年代より研究者による実態調査が行われるようになった。一般成人女性を対象としたコミュニティ調査において、レイプの生涯経験率は1.7〜8.3%（笹川・小西・安藤・佐藤・高橋・石井・佐藤, 1998; 安藤, 2000; 石川, 2003）、女子大学生（沖縄県）を対象とした調査では3.2%（小西, 2001）と報告されている。また高校生男女を対象とした調査では、女子生徒の5.3%、男子生徒の1.5%に望まない性行為を強要された経験があり、加害者の多くは交際相手や友人などの顔見知りであったことが示されている（野坂ら, 2005）。内閣府が1999年から3年おきに行っている「男女間における暴力に関する調査」では、2008年より女性のみを対象に「異性から無理やりに性交された経験」を尋ねており、2014年に実施された調査では、6.5%の回答者が「1回以上あった」と回答している。加害者との関係については、19.7%が配偶者・元配偶者、28.2%が交際相手・元交際相手と回答している

8

（内閣府男女共同参画局, 2015）。このように国内でも2000年代に入り、レイプの多くは顔見知りや交際相手、配偶者間で生じるレイプと認識されるようになっている。

1.5　レイプが被害者にもたらす影響

　レイプは長期にわたって被害者に深刻な心理的、身体的、社会的な影響を及ぼす犯罪である。被害者の心理について理解するにあたり、「トラウマ（trauma）」の概念が広く知られている。レイプによって生じる外傷性記憶は、「通常の体験が言語化された物語記憶になって貯留されていくのに反して、いつまでも生々しく、五感・感情・認知・思考など全ての体験要素を含んだまま凍りつき、日常の意識から疎隔化された未処理の冷凍保存のような記憶」（白川, 2004）である。この外傷性記憶はPTSD（Posttraumatic Stress Disorder：心的外傷後ストレス障害）の症状である解離性フラッシュバックを引き起こす。また孤立感、睡眠障害、外傷体験に類似した状況に暴露されたときに生じる著しく過度の驚愕反応などに加え、長期的に解離性障害、抑うつ、不安、物質依存、自傷、自殺念慮、再被害化などの症状を呈することがあり、日常生活への適応が困難になるケースも多く見られる（金, 2006, p. 3-15）。廣幡・小西・白川・淺川・森田・中谷（2002）は性暴力被害者のPTSDの有病率をCAPS（Clinician-Administered PTSD Scale：PTSD臨床診断面接尺度）によって診断したところ、現在症PTSDは69.6%、生涯診断で89.1%という結果を示している。恋人や顔見知り、夫婦関係でのレイプであっても見知らぬ相手からの被害と同じように傷つき、精神症状を示すことが指摘されている（Koss, Dinero, Seibel, & Cox, 1988）。

　Harvey（1996 村本訳 1999）は、レイプ被害の多くは専門機関で相談されていないことや、臨床的援助は必ずしも回復の保証にはならないとし、臨床的援助を求めない大多数の被害者の回復を援助する必要があると述べている。トラウマの治療と回復に関する生態学的モデルでは、回復結果に関する

4つの概念を立てている。1）臨床的援助が他の要因と作用しあい、回復を助ける。2）臨床の援助が回復を妨げ、損なう。3）臨床的援助なしに回復がおこる。とくに、自然発生的な生態システムが回復力を支え、自然なサポート体制とコミュニティ資源が豊富にあるとき。4）時宜を得た適切な介入がなく、回復できないまま、という4つである。専門家に接触したものを含め、治療をされていない大多数のレイプサバイバーがその経験にもかかわらずPTSDを発症しないか持続していないこと、そこから生き延びているだけでなく、成長しているように見える人がいると指摘し、トラウマを受けた個人と彼らのコミュニティの両方においてレジリエンスを促進できるような介入について議論することを提案している。村本（2004）は、臨床的援助を受けていない被害者へのインタビュー調査から、能動的対処の有無と被害体験を話し受けとめてもらえたかどうかが性被害の影響を減ずるために貢献することを明らかにしている。

　また、被害者が自らの被害経験について話すと、その行為についてしばしば周囲から責められ、支援提供者からの否定的な反応にさらされる。これらの否定的な反応は、二次被害とも呼ばれ、レイプ被害について沈黙させる機能を果たし、レイプの判断をあいまいにする。Ahrens（2006）は、①医者やカウンセラーなどの専門家からの否定的な反応は、サバイバーが体験を吐露することへの効果に疑問を抱かせること、②友だちや家族からの否定的な反応は自責感を強化すること、③専門家、友人・家族のどちらからの否定的反応もサバイバー自身の体験がレイプに該当するかどうかを不明瞭にすることを明らかにしている。

1.6　デート場面で生じるレイプの特徴

　Basile（1999）は、女性が配偶者や交際期間の長い恋人との関係で望まない性行為を受けいれる過程についての質的研究を行って、女性たちは親密な関係の中で黙従（acquiescence）によるレイプを強いられていることを明らか

にした。Livingston, Buddie, Testa, & VanZile-Tamsen（2004）も成人女性への実態調査によって、さまざまな心理的、身体的な強要戦術（tactics）によって、多くの女性が望まない性行為を行っていることを明らかにしている。例えば、関係を破綻させるという脅しや性生活に不満足だという感情の表明、攻撃的なことばなどの否定的な言葉を伴う性的強制を49.1％の女性が経験しており、男性が性行為の要求を繰り返ししつこくせがみ、嘆願することによって、女性の抵抗を次第に弱めさせるような説得を61.4％の女性が経験していることを明らかにした。また、Struckman-Johnson, Struckman-Johnson, & Anderson（2003）においても、繰り返し要求する、年齢差や地位の差を利用する、別れると脅す、自傷すると脅すなどの情緒的操作や騙しを経験した女性は71.4％であった。このように男性がことばで性行為に応じるように圧力をかけ、女性が望まない性行為に同意することは、言語的な性的強要（Verbal sexual coercion）と別に呼ぶこともある（Muehlenhard & Schrag, 1991）。

　また相手から性行為を望まれたときに断ることへの罪悪感、義務感、恐れ、相手との関係を継続させるためなどの消極的な理由によって、54.4％の女性が性行為に同意しており、その結果、否定的な感情（48.2％）、長期にわたるディストレス（14.9％）、自責・後悔（21.9％）、関係における否定的な影響（63.2％）が生じていたという（Livingston et al., 2004）。またHouts（2005）は、米国の15歳から44歳までの女性10,847名を対象とした大規模なコミュニティ調査において、最初の性行為について質問し、自分が性行為を望んでいたと回答した人は44％であり、望んでいなかったと回答した人が28％、どちらともいえないというアンビバレントを示したものが27％であったと報告している。一方、男性が望まない性行為に応じた理由としては、パートナーからの言葉による強制だけでなく、仲間からの圧力などの外的な理由も示されている（Muehlenhard & Cook, 1988）。

　以上のように、デート場面で生じるレイプは、いわゆる見知らぬ人からの

レイプとは異なる特徴を持つ。デート場面では、凶器や暴力による脅しがあるわけでもなく、実際に殴られるわけでもない。しかし、「望まない」性行為があるということである。これはレイプなのだろうか。

「デート」とは、被害者と加害者がデートをするような恋愛関係という意味であり、初めてのデートから長く交際している場合までを含んでおり、合意の性行為の可能性がある社会的な文脈の中で起こる（Koss & Harvey, 1991, p. 6)。明確なパートナー関係でなくとも、恋愛の始まりあたりの親しい関係、恋人と知り合いの境目のような関係を広く含む（伊田, 2010, p. 14-16)。前述した米国の全国犯罪被害調査では、「身体的な力による強制のみならず心理的な強制も含む、強要された性行為」をレイプと定義しており、藤岡（2006）も「他者の意思に反して性行為を強要すること」をレイプと定義している。これらの定義に従えば、デート場面で生じる同意のない、強制的な性行為はレイプということになる。

1.7　デート場面で生じるレイプに対する判断の問題

では、デート場面におけるレイプは、一般にレイプだと判断されているだろうか。宮地（2008）は、「明らかな性暴力」と「グレイゾーン」について比較検討している。「明らかな性暴力」が単回で暴力的、強制的で、被害者は苦痛や恐怖を感じ、抵抗し続け、加害者とは見知らぬ人間か敵味方がはっきりしており、被害者が純粋・無垢であるといった特徴で描写されるのに対し、「グレイゾーン」は、複数回で長期にわたり、日常の中で生じ、非暴力的、非強制的で、身体的傷や痛みがなく、知人や仲間、家族の中で起こり、被害者は性的に活発であるかふしだらであるというイメージで描写される。デート場面でのレイプは、まさにこの「グレイゾーン」に含まれ、「明らかな性暴力」とは認識されないのである。

デート場面でのレイプについて、人々がレイプであると判断するかどうかは社会的に重大な問題であるにもかかわらず、学術的な場において、国内で

は十分にとりあげられてこなかった。宮地（2008）は、その理由について、学術的な場で性的支配や性暴力について語ることへのタブー意識、性的な問題は低俗で品がないテーマとみなされること、セクシュアリティは私的な問題として学術的には矮小な問題とされることなどを指摘している。

　しかし、実態調査からデート場面におけるレイプが一定の割合で生じていることが明らかにされている現在、デート場面におけるレイプの判断がどのように行われるのか、どのような要因の影響を受けるのかなどについて明らかにすることが必要である。そして、デート場面におけるレイプの発生予防や被害者への早期の支援、二次被害の防止等に繋げる必要がある。被害者自身がレイプであると判断できなければ被害を申告することも、再被害を防ぐことも難しくなるであろう。また、同時に、被害者の周囲の支援者がレイプであると判断できなければ、被害者が警察へ被害を申告することを妨げたり、ワンストップサービスの利用などの適切な支援につながらなかったりして、被害が潜在化する可能性がある。また二次被害を与えてしまう可能性もある。さらにマクロなレベルでは、2009年より導入されている裁判員裁判での判断にも影響することである。したがって、デート場面でのレイプに対する人々の判断について、実証的に明らかにすることが必要である。

2．デートレイプの判断に関する先行研究の検討

2.1　本研究におけるデートレイプの判断とは

　人々がデート場面でのレイプについてどのように判断しているか、これまでに明らかにされてきた知見を整理する。まず、デート場面でのレイプについて、先行研究では「デートレイプ（date rape）」と総称されている。本研究においても以降、デート場面におけるレイプをデートレイプと呼ぶ。「デート」が恋愛関係の始まりから継続的な関係までを指すことから、本研

究ではデートレイプを「二人のうちどちらか一方、または両方が相手に対して恋愛感情を持っている関係におけるレイプ」と定義する。

デートレイプに対する判断については、社会心理学領域において、仮説に基づいて作成したデートレイプシナリオを用いた研究が多くなされている。シナリオに対するレイプであるかどうかの判断（judgment of rape）、出来事に対する責任帰属（attribution of responsibility）、加害者への懲罰（perpetrater guilt）、被害者の統制可能性（victim control）、被害者への非難（victim blame）、被害者の心的外傷の程度（victim trauma）、被害者への同情（sympathy）などの評価が従属変数としてよく用いられる。例えば、出来事に対する責任の帰属が、加害者への非難や怒り、被害者への同情などの心理的反応や、加害者への懲罰についての判断に影響することが明らかにされている（Pollard, 1992）。本研究では、デートレイプに対する判断を検討する変数の中でも、特にレイプであるかどうかの判断（judgment of rape）に焦点を当てる。レイプであるかどうかの判断について明らかにすることが、レイプの発生予防や早期の対応、二次被害の予防、司法判断までに、最も重要な役割を持つと考えるからである。

2.2 判断者の要因

判断を行う側の要因がデートレイプの判断に及ぼす影響について、先行研究では、デモグラフィック要因、背景要因、態度要因等について検討されている。

⑴判断者の性別

デートレイプに対する判断における男女間での比較については、多くの先行研究が行っている（Pollard, 1992）。男性は女性よりもレイプの被害者に責任を帰属し（Brekke & Borgida, 1988; Bridges & McGrail, 1989; Kleinke & Meyer, 1990）、レイプの被害者を責める傾向が強い（Bell, Kuriloff, & Lottes, 1994;

Calhoum & Townsley, 1991）。男性は女性よりも被害者が性行為を望んでいた
と考え（Jenkins & Dambrot, 1987）、レイプと判断しない傾向にある（Gray, 2006; Jenkins & Dambrot, 1987; McLendon, Foley, Hall, & Sloan, 1994）。一方、女性は男性よりもレイプによる被害者への影響を深刻であると認知している（Krahé, Bieneck, & Scheinberger-Olwig, 2007; Newcombe, van den Eynde, Hafner, & Jolly, 2008）。また、レイプシナリオに登場する被害女性の性行為に対する同意があいまいな状況では、男性は女性よりもレイプであると判断しない傾向にある（Sawyer, Pinciaro, & Jessell, 1998）。身体的攻撃を伴うレイプ状況では、男性のほうが被害者に同情を示し、言葉による強要を伴うレイプ状況では、女性のほうが被害者への同情を示す（Katz, Moore, & Tkachuk, 2007）。女性はカップルが出会ったばかりで、加害男性の明らかな強制が認められる場合にレイプであると判断しやすい（Goodchilds, Zellman, Johnson, & Giarusso, 1988）などがある。以上のように、男性に比べ、女性のレイプに対する判断は、より被害者びいきであると考えられている（Pollard, 1992）。しかし、国内の研究では、必ずしも女性のレイプに対する判断がより被害者びいきであるとは言えない。

　例えば、総理府（2000）の男女間の暴力に関する調査では、「相手が嫌がっているのに性的な行為を強要する」ことについて、「どんなことがあっても許されない」と思う比率は、男性58.5％、女性61.4％でやや女性のほうが高い。しかし年代別の統計では、20代では、男性71.4％、女性73.4％であり、60歳以上では男性46.8％、女性44.6％であり、若い世代では暴力に対して「許されない」と考える傾向にありやや女性の方が高いが、年長者になるとそれは逆転し、女性の方が低くなっている。

　また、岩崎（2003）が一般成人を対象とした調査を行い、デートレイプを含む複数の事例に対して、「レイプと思うかどうか」を質問したところ、「酔いつぶれた女性が男友達に連れ帰られてセックスした」事例を『レイプだと思う』という回答は、男性回答者85.6％、女性79.4％、「デート中の恋人か

ら嫌だと言われても無理やりセックスした」事例では、男性回答者58.1%、女性回答者54.8%、「妻に断られても無理やりセックスした」事例では、男性回答者36.4%、女性回答者44.8%であった。この結果について、著者は、特に男性では「自分が所有している／セックスする権限を有している」関係におけるレイプは、女性の側が「No」の意思を示しているにもかかわらず、レイプにあたると考えていないと考察している。女性回答者においては、男性よりも夫婦間でのセックスの強要をレイプととらえているが、デートレイプについては男性よりも、レイプと判断しない傾向が強かったことが明らかになっている。デートレイプに対して、女性の中にも容認する傾向があることが示唆されている。

⑵判断者の態度・信念・スキーマ・ステレオタイプの個人差

　デートレイプの判断を行う者の態度や信念、スキーマ、ステレオタイプ等の個人差が判断に影響を及ぼすことが明らかになっている。Temkin & Krahé（2008）は、レイプの被害者、加害者についてのステレオタイプ的な信念や態度が、犯罪の司法手続きにおける意思決定の各段階における判断に影響をおよぼすことを明らかにした（p. 75-97）。法学部の学生は、レイプのステレオタイプ的な概念を含む女性非難の信念をもっていると、以前に性的な関係のある元恋人の事例でより被害者を責め、レイプであると認めなかった。女性非難の信念は、暴力に対する女性の潜在的な責任を際立たせるような情報を捉えるように働くことが示唆された。

　また、女性は行儀よく、体裁のいい振舞いをすべきであるという信念を持つ性差別主義（sexism）の支持者は、男性を誘った責任があるとして、顔見知りレイプの被害者を責める傾向にある（Abrams, Viki, Masser, & Bohner, 2003）。このような「善意の性差別主義（benevolent sexism）」は、公正世界仮説に基づき、レイプが自分の周りで起こると信じたくないため、被害者の落ち度を責める働きがある一方、「女性に対して敵対的な性差別主義（hostile sexism)」は、被害者も本当は性行為を望んでいたなど、レイプを正当化する働きがあると考察されている。

　さらに、女性に対する伝統的な態度もしくは伝統的性役割態度をもっている人は、より被害者を責める傾向にあり（Brems & Wagner, 1994; Calhoum & Townsley, 1991）、被害者が性行為を望んでいたと判断する傾向にある（Shotland & Goodstein, 1983）。また伝統的な性役割態度をもつ女性は、被害者が加害者を誘ったと解釈し、出来事に対する加害者の責任は小さいと判断する傾向にあり、加害者の行動はより正当であると評価した（Coller & Resick, 1987; Shotland & Goodstein, 1983）。また、伝統的性役割規範からはずれている描写がされた女性（車で男性を送って行った）と特別な描写のない女性では、伝統的性役割規範からはずれている女性が被害にあうシナリオにおいて、女性がより非難され、加害者は非難されなかった（Acock & Ireland, 1983）。Briere, Malamath, & Check（1985）では、親密な対人関係がなく、性行為を重要な営みととらえている男性は、レイプされた被害者を信用しない傾向にあった。女性に対する男性支配を是認することが性の抑制と関連しており、性行為の重要性を高め、保守的な性態度を増加させていた。

　このように伝統的性役割態度がデートレイプの判断に影響を及ぼしていることについては、多くの研究によって検証されている。次に性役割態度と関連の深い態度要因であるレイプ神話信念についてまとめる。

a）レイプ神話（rape myth）

　1970年代からレイプ神話という概念に関心が集まり始めたが、最初にレイプ神話を定義したのは社会心理学者のBurt（1980）である。Burtは、レイプ神話を「レイプ、レイプ被害者、レイプ加害者についての偏見的で、ステレオタイプ化された、誤った信念」のことであると述べた。レイプ神話の代表的なものとして、"ふしだらな女性だけがレイプに遭う"、"本当に望んでいないなら抵抗できる"、"本当は女性もレイプされることを望んでいる"など

をあげ、「これらの幅広く信じられている社会通念によって、加害者が免責され、被害者の責任を問うようなレイプを容認する社会が保持されている」と指摘している。Burt（1991）は、「レイプ神話のない世の中なら、強制された性行為は全てレイプであると一般市民は理解するだろうが、残念ながらレイプ神話が人々の共通認識に影響を与え、人々の共通認識は法的定義と一致しない」と述べている。

Burt（1980）は、個人のレイプ神話を測定するためにレイプ神話受容態度尺度を作成した。伝統的性役割態度、敵対的な性信念、対人暴力傾向はレイプ神話受容態度に影響を及ぼしていた（Burt, 1980; 1991）。また、Burt & Albin（1981）は、レイプ神話受容態度と、レイプを被害者が引き起こしていると信じる傾向が、レイプの判断と関連することを示した。その後の研究ではレイプ神話受容態度が男性のレイプ傾向（rape proclivity）と関連しており、男性の性的強制を正当化するために利用されていることが示唆されている（Bohner, Jarvis, Eyssel, & Siebler, 2005; Bohner, Reinhard, Rutz, Sturm, Kerschbaum, & Effler, 1998）。

レイプ神話受容態度尺度は、Burt（1980）以降も Payne, Lonsway, & Fitzgerald（1999）の the Illinoi Rape Myth Acceptance Scale, Gerger, Kley, Bohner, & Siebler（2007）の the acceptance of modern myths about sexual aggression scale などが開発されている。Lonsway & Fitzgerald（1994）は、Burt（1980）から始まる一連のレイプ神話研究をレビューし、レイプ神話は、「女性に対する男性の性的暴力を否定し、正当化する役目を持ち、全般的に誤りでありながら、広範にわたり、永続的に持ち続けられている態度や信念」とあらためて定義している。レイプ神話は人々にとって、自分とレイプとの関わりを否定し不安を防衛するという機能をもっており、公正世界仮説によって説明されうるとしている。公正世界仮説とは、私たちが自分の受けるに値するものを受け取るという信念である。こうした信念は、私たちに世界は安定した予測可能なものであるという見方を与える。世界に対する安

定性は価値のあるものであるために、公正世界についての信念は容易には譲れないものとなる。レイプが身近なもので、いつ自分にも起こるか分からないという不安は、世界が安全であるという信念に対立する。したがって、恐ろしい犯罪に巻き込まれたのは、本人の失敗に由来するという結論に達することにより、判断者は自分の安全を確保すると考えられている。

　国内では、大渕・石毛・山入端・井上（1985）がBurt（1980）のレイプ神話受容態度尺度を翻訳し、研究を行っている。レイプ神話の構成要素は、"女性は男性から暴力的に扱われることで、性的満足を得るものだ"（暴力的性の容認）、"女性は無意識のうちに、強姦されることを望んでいる"（女性の被強姦願望）、"行動や服装に乱れたところがあり、自らレイプされる危険を作り出している女性は、被害にあっても仕方がない"（女性のスキ）、"レイプ事件の中には、女性が都合の悪いことを隠したり、男性に恨みを晴らすために捏造したものが多い"（捏造）などである（大渕ら，1985）。日本の大学生を対象とした調査では、"暴力的性の容認"を女性よりも男性の方が支持していること、それ以外の神話についても女性よりも男性の支持率が高いことを明らかにしている。また、"女性の被強姦願望"については、男女共に性経験のある者は、性経験のない者よりも支持していることが明らかにされている。さらに性犯罪受刑者と一般受刑者のレイプ神話支持率は、一般大学生よりも高いことを明らかにし、レイプ神話がレイプ犯罪を促進する可能性を示唆している。

　また湯川・泊（1999）は、レイプ神話を性犯罪を促進する要因として捉え、この形成についての因果モデルを示している。これによれば、男子において、性経験があることや一般的性欲が高いことが性的メディアとの接触を促し、友人・先輩との情報交換を介して、性犯罪を合理化する神話の形成へとつながり、その結果として女性に対する性暴力の可能性へと結びつくことが示されている。

　また、塚原（2004）は、Payne et al.（1999）のイリノイレイプ神話尺度を、

第1章　序　論　19

日本語訳し研究を行った。日本の大学生を対象に行った調査では、男子学生では、敵対的な性信念、暴力容認態度がレイプ神話受容態度を予測すること、女子学生では、暴力容認態度と伝統的性役割態度がレイプ神話受容態度を予測することが明らかにされている。

　そのほか、Kitakaze, Numa, Matsugami, Ito, & Inoue（2007）では、大渕ら（1985）のレイプ神話受容態度研究の追試を行い、1985年の大学生と2006年の大学生のレイプ神話支持率を比較したところ、男女ともに減少していることが明らかになった。男性においては、"暴力的性の容認"と"潜在的被強姦願望"について、女性では"潜在的被強姦願望"についてそれぞれ支持率が有意に低下していた。「最初のデートで男性の家やアパートへ行く女性は、セックスの意思があると見てよい」という神話への支持が54.1％から25.6％と大きく低下していることから、1990年代から2000年代にかけて、女性への暴力に対する意識が変わりはじめている可能性が示された。一方で、全体では男性より女性の支持率が低いものの、大渕ら（1985）の結果とは異なり、"暴力的性の容認"では女性の支持率が男性よりも高い項目があった。男性の支持率の低下に対して、女性は暴力的な性を許容するような神話を現在も保持していると考えられる。

　以上のように1970年代から始まったレイプ神話研究は、さらに発展しレイプ神話を含む被害者に対して冷淡で非好意的な信念を統合し、レイプ支持態度として研究されている。Lottes（1998）は、「被害者に対する非好意的な態度（レイプに対する誤った信念〈レイプ神話〉を含む）」を測定するレイプ支持態度尺度を開発した。レイプ支持態度は、１）女性は性的暴力を楽しむ、２）レイプの第一義的な動機は力の誇示や支配よりも性的欲求である、３）女性はレイプを防ぐことについて責任がある、４）レイプはある特定のタイプの女性にのみ起こる、５）女性は偽って多くのレイプ報告をする、６）女性はレイプされると価値がなくなる、７）レイプはある状況であれば正当化されるといった内容から構成されている。以降、本研究ではレイプ神

20

話を支持・容認する態度を総称して、レイプ支持態度と表記する。

b）レイプ支持態度（rape supportive attitude）

　レイプ支持態度を予測する要因として、性役割態度、フェミニズムに対する態度、全般的な対人暴力傾向、女性に対する敵対的信念、保守的な政治的イデオロギーなどが明らかにされている（Bell et al., 1994; Anderson, Cooper, & Okamura, 1997）。背景要因である男性の性暴力加害経験、性経験、女性の性暴力被害経験、知り合いの性暴力被害への暴露経験はレイプ支持態度を予測しないとの結果が示されている（Anderson et al., 1997）。また、女性よりも男性のほうが被害者に対して非好意的な態度であるという結果が得られている（Earnshaw, Pitpitan, & Chaudoir, 2011; Jenkins & Dambrot, 1987; Jimenez & Abreu, 2003; Lonsway & Fitzgerald, 1994; Shechory & Idisis, 2006）。レイプ支持態度の強さが言語的、身体的な性的強要の加害傾向を予測することが明らかになっている（Bohner et al., 2005; Byers & Eno, 1991; Fischer, 1992a; Fischer, 1992b）。

　また、デートレイプに対する判断との関連では、レイプ支持態度を持つ者は顔見知りレイプや夫婦間レイプの被害者に対して、レイプの責任を帰属し、被害者の心的外傷を深刻でないと考える傾向にある（Frese, Moya, & Megias, 2004; Newcombe et al., 2008）。レイプ支持態度において被害者に好意的な態度をもつ者は模擬裁判におけるレイプ被害者の信用性を高く評価する傾向にある（Wenger & Bornstein, 2006）などの結果が得られている。

　国内の研究でも同様にレイプ支持態度を持つ者が、被害者に挑発的な服装や行動がみられる事例では、被害者へ責任帰属しやすいこと、顔見知りレイプをレイプと判断しない傾向にあることが示されている（岩崎, 2003）。北風・伊藤・井上（2009b）では、レイプ支持態度を持つ者は、顔見知りレイプに限らず、見知らぬ人からのレイプでも被害者へ責任帰属することが示されている。彼らは、加害者への責任追及をせず、被害者の心的外傷を軽く見積もることも明らかになっている。また、レイプ支持態度とは関わりなく、

デートレイプや夫婦間レイプでは、見知らぬ人からのレイプよりも被害者へ
責任帰属されやすくなることも明らかになり、レイプ被害者に対する責任帰
属には、個人のレイプ支持態度と被害者‐加害者関係の２つの要因が影響す
ることが示唆されている。

　以上の先行研究の結果から、レイプ支持態度はデートレイプの判断に影響
を及ぼす重要な要因であると考えられる。

⑶被害者・加害者への親近性と共感

　判断者がレイプシナリオの被害者、加害者のどちらと自分が似ていると知
覚しているかは、被害者への責任帰属に影響する（Grubb & Harrower, 2008の
レビューを参照）。自分自身が被害者と似ておらず、加害者と似ていると感じ
るほど、被害者を責める傾向にある（Bell et al., 1994）。社会心理学における
対人魅力の研究で明らかにされているように、判断者は友人など親しい相手
の肯定的な行動には資質的要因を帰属し、否定的な行動には状況的要因を帰
属する。これは親しい相手と自分とのある種の感情的な結びつきによって影
響されるからであると考えられている（Davis, 1994 菊池訳 1999, p. 97-122）。
レイプの被害者や加害者に対する判断者の立場は、デートレイプの判断に影
響する可能性がある。

　また、被害者への同情や共感は、デートレイプにおける責任帰属やデート
レイプの判断に影響を与える要因だと考えられている。被害者への共感が高
い者は、被害者の味方になり、心理的影響を深刻なものであると認識する
（Deitz & Byrnes, 1981）。男性よりも女性のほうが、共感性が高く、よりレイ
プの被害者の証言を信用している（Jimenez & Abreu, 2003）。逆に個人特性と
しての同情しやすさや共感性は、レイプの被害者へ責任帰属することやデー
トレイプの判断と関連がないという結果もある（Coller & Resick, 1987; Bell et
al., 1994）。

　次に、判断者自身に被害経験がある場合、レイプの被害者に対してより共

感的に反応するという結果が示されている。Barnett, Tetreault, Esper, & Bristow（1986）では、俳優がレイプ被害の体験をセラピストに語るビデオを観て、共感を感じるか、動揺などのディストレスを感じるかについて検討した。被害経験がある者は、被害経験がないと回答した者よりも共感を感じ、より被害者に対して感情移入していた、というものである。

　ところが異なる知見もあり、岩崎（2003）は、性被害にあった経験を持つ女性は、そうでない女性に比べて、自分と性被害の関連を意識してはいるものの、いくつかの具体的な性的接触のシナリオをレイプと判断しない傾向があったことを明らかにしている。レイプに対する過小評価、否認、被害の中立性といった防衛が働いていることを示唆している。

2.3　状況要因

⑴被害者・加害者の特徴

　デートレイプについての責任帰属研究をレビューしたPollard（1992）によれば、様々な被害者・加害者についての情報が被害者への責任帰属に影響することが示されている。

　たとえば、レイプシナリオにおいて被害者が挑発的な服装や行動をとり、意思表示や抵抗が控えめであり、それ以前に加害者と性行為を行ったという情報が呈示された場合、より被害者へ責任が帰属される（Maurer & Robinson, 2008; Schuller & Hastings, 2002; Wenger & Bornstein, 2006）。また、被害者の評判の悪い特性、被害者の状況のコントロールの失敗についても同様である（Bridges & mcGrail, 1989）。特に飲酒していた場合には被害者の証言が信用されず、加害者の刑が軽減される傾向にある（Schuller & Wall, 1998; Wenger & Bornstein, 2006）。判断者は飲酒している被害者のことを道徳的でない、攻撃的で好ましくない、自分と似ていないと評価し、出来事の責任を帰属する。逆に加害者の飲酒は、非難を軽減し、責任がないと判断される（Hammock & Richardson, 1997; Richardson & Campbell, 1982）。

第1章 序 論 23

　判断者の性別による比較では、男性は被害者と加害者がどちらもしらふの
時により有罪になると判断し、女性は加害者が飲酒しており、被害者はしら
ふの場合により有罪になると判断している（Richardson & Campbell, 1982）。ま
た、レイプシナリオにおいて加害者の強制力が小さく、かつ被害者があとに
なってから抗議した場合、伝統的性役割態度が強く、男性性に価値を置いて
いる男性判断者は、より被害者を非難する（Shotland & Goodstein, 1983）。ま
たTieger（1981）の研究では、男性は女性よりも、「魅力的でない」被害者
を非難し、被害の責任があると判断したことから、被害者の魅力が責任帰属
に影響する可能性も示されている。

⑵被害者と加害者の関係性

　被害者と加害者の関係性に関する情報が、デートレイプの判断に影響する
ことが明らかになっている。デートレイプは見知らぬ人からのレイプよりも
被害者に責任が帰属され（Bell et al., 1994; Bridges & McGrail, 1989）、加害者への
処罰が軽くなる（McDnald & Kline, 2004）。それ以前に加害者と性行為を行っ
たという情報が呈示された条件では、性行為がないと情報が呈示された条
件、何も呈示されていない条件よりも強制的な性行為が肯定され、被害者が
責められ、同意していたとみなされる傾向にある（Monson, Langhinrichsen-
Rohling, & Binderup, 2000; Schuller & Hastings, 2002）。

　またデートレイプや夫婦間レイプは、見知らぬ人からのレイプよりもレイ
プと判断されない（Monson, Byrd, & Langhinrichsen-Rohling, 1996）。男性の判断
者は見知らぬ人からのレイプよりもデートレイプ、夫婦間レイプを容認する
傾向がみられた（Monson et al., 2000）。一方女性は、交際期間の長さがレイプ
の判断に影響しており、相手との関係が深まっているかどうかが基準となっ
ていることが示唆されている。国内の研究においても男性は交際関係または
婚姻関係にある相手の場合、レイプであると判断しない傾向にあったことが
示されている（岩崎, 2003）。

したがって、男性は被害者と加害者が婚姻関係や交際関係にあるとレイプであると判断しない傾向にあり、女性は被害者と加害者の関係性が親密であるほどレイプと判断しない傾向にあると考えられる。

(3)強要戦術と同意の有無

強要と同意の有無はデートレイプの判断において重要な要因であると考えられている。Langley, Yost, O'Neal, & Taylor（1991）は、デートレイプの判断に対する因果モデルの構築を試みた。その結果、被害者を責めることとレイプの判断の関連は弱く、被害者がより早い段階で抵抗を示すかどうか、加害者の行為がより暴力的であるかどうかが、被害者が性行為を望んでいたかどうかの評価と加害者の有罪可能性を予測し、その二つの要因がレイプの判断を予測するというモデルが示された。

そのほかの研究でも、身体的な暴力があり、それに対して身体的な抵抗をしている状況は、身体的な暴力がなく身体的な抵抗をしていない状況よりもレイプと判断される（Shotland & Goodstein, 1983）。男性は顔見知りのレイプにおいて、被害者が抵抗していないときには、被害者に責任を帰属する（Wyer, Bordenhausen, & Gorman, 1985）。また言葉による性的強制と力ずくによる性的強制の2条件を比較したKatz et al.（2007）では、言葉による性的強制のほうが、被害者が統制可能だと評価されたため、特に男性の判断者は被害者に責任があり、被害によるディストレスが小さいと評価していた。

また「強要戦術（Tactics）」について検討した先行研究では、相手が性行為を望まないときに言葉でプレッシャーをかけること、身体に触るなどして性的に刺激すること、ふざけているふりをして力ずくで性行為をするなどの方法について、酒に酔わせることや身体的暴力による強要よりも容認されることを明らかにしている（Struckman-Johnson & Struckman-Johnson, 1991）。女性は男性よりもこれらの方法を容認しなかったが、最初の性行為よりも2回目以降の性行為の場合には受け入れる傾向がみられた。この結果について、

女性が性行為を受け入れるものだという性役割規範が内面化されていると考えられる。

　また、Sawyer et al.（1998）は、加害者の強要の有無と被害者の同意の描写によって、レイプの判断が異なるかを検討した。被害者が言葉で「No」を表明しているときには、加害者の強要の有無によらず、レイプであると判断されていた。しかし、被害者が同意しているかどうかがあいまいなとき、被害者が「Yes」と言っているとき、会話がないときには、加害者の強要があってもレイプであると判断ないことが示された。被害者の同意があいまいな描写では、男性よりも女性のほうがレイプであると判断する傾向にあり、判断者の性別による差異も認められている。

　以上のことから、デートレイプと判断されやすいのは、加害者が明白な強要戦術を用いているか、被害者が強く抵抗している場合である。逆に、加害者の強要戦術が明白でなく、被害者の「No」がはっきり提示されていないときには、レイプと判断されなくなると考えられる。

2.4　教育的介入による態度や判断の変容

　教育やガイダンスなどの介入がデートレイプの判断に影響を与えることが示唆されている。Gray（2006）は、「レイプ神話」に関するガイダンスがデートレイプの判断に反映されるかどうか検証した。その結果、受講者のレイプ支持態度とガイダンスの主効果が有意であった。すなわち、レイプ支持態度をもつ受講者と「レイプ神話」に対して支持的なガイダンスを聴いた受講者は、デートレイプの加害者に罪はないと評定したことを明らかにしている。

　そのほか、大学生男女を対象としたレイプ支持態度の変容を目的とした教育的介入が行われており、介入の方法としては、ガイダンス（Pinzone-Glover, Gidycz, & Jacobs, 1998）、ロールプレイやディスカッション（Fay & Medway, 2006）、参加型のデートレイプドラマ（Heppner, Humphrey,

Hillenbrand-Gunn, & DeBord, 1995）などが報告されている。Lonsway & Kothari（2000）は、デートレイプの知識を提供し、グループで議論を行う「顔見知りからのレイプ予防プログラム」を実施し、レイプ支持態度とデートレイプの判断の変容に効果が認められたことを報告した。

またHeppner et al.（1995）は、大学におけるデートレイプ予防プログラムを実施し、レイプ支持態度、レイプに関する知識、女性の安全プロジェクトへのボランティア参加意思をアウトカム変数として検討した。その際、参加型のデートレイプドラマへの参加と説得的なビデオ教材を比較し、参加型ドラマに参加した受講者は、精緻化見込みモデルにおける熟考モードでの態度変容が生じたことを示している。レイプ支持態度の変化について教育内容による差はなかったが、知識とボランティア参加意思においては、参加型ドラマに参加した受講者により大きな効果がみられている。

Anderson & Whiston（2005）は、性暴力に関する予防教育プログラムのメタ分析を行った。69の教育プログラムを分析し、レイプ支持態度などの「レイプに対する態度」と「レイプに関する知識」のアウトカムに対して、教育のエフェクトサイズが大きいことを示し、行動の変容にはあまり効果が認められていないことを示した。レイプに対する態度に効果的だったプログラムの予測因子は、プログラムの介入時間の長さであり、長ければ長いほど効果的であること、実験実施者がピア（仲間）か教員の場合に効果が大きいことを示した。しかしながら、分析全体を通して、明確にレイプ予防教育には効果があると結論付けることが難しく、今後さらなる開発が目指される分野であると述べている。

国内では、このような教育プログラムの開発・実施やその評価に関する研究報告はごくわずかである。片岡（2004）は、性暴力被害に関する看護者への教育プログラムを開発・実施し、その効果を評価することを目的とした介入研究を行った。プログラムは、被害者に対する「レイプ神話」や思い込みに気づき、被害者に対して好意的な態度を養うことを第一の目的とし、グ

ループ・ディスカッションを中心とした7時間の内容で行われた。結果として、教育プログラムが、看護者のレイプ支持態度をより被害者に好意的なものに変化させ、性暴力被害者への看護の理解を高めるのに効果的であったことを報告している。

　また、北風（2008）では、レイプ支持態度と被害者への責任帰属が、レイプ支持態度の変容を目的とした教材を視聴することによって変化するかどうかについて検討された。レイプ支持態度やデートレイプの実態に関するスライド教材を視聴した参加者と戦時レイプ被害者の体験を聴くことを目的としたビデオ教材を視聴した参加者は、両者とも事後テストにおいて、レイプ支持態度の変容に効果がみられた。レイプ支持態度の変容に対するエフェクトサイズは、スライド教材を視聴した女性参加者においてもっとも大きく、同時に顔見知りからのレイプとデートレイプの被害者への責任帰属の変容にも効果がみられた。男性では教材の種類による差はなかったが、事前テストにおいてレイプ支持態度を持っていた参加者への効果が大きかった。さらに男性参加者においては、顔見知りレイプと夫婦間レイプの被害者への責任帰属の変容にも効果がみられた。以上のことから、スライド教材は女性参加者への効果が大きいこと、男性参加者の中では、もともと被害者に対して非好意的な態度を持つ者の問題意識を高めることに効果があったことが示された。したがって、レイプ支持態度の変容を目的とした教材は、レイプ被害者に対する好意的な態度への変容を促し、デートレイプの判断にも影響を与えることが示唆された。

3．第1章のまとめ

　本章の前半では、デートレイプの判断に関する問題の所在について論じた。はじめにレイプが性暴力として認識されるようになるまでの歴史的背景を概観し、1970年代に始まるフェミニズム運動によって、男性から女性への

暴力について、女性の自由に対する権利の侵害として問題化されるようになり、現在までに様々な法整備がなされてきたことを述べた。そして、先行研究よりレイプ被害の圧倒的多数がデートレイプであり、身体的暴力を用いないことばによる性的強要を多くの女性が経験していることが示された。デートレイプは日常の中で生じ、加害者と被害者が親密な関係にあり、身体的暴力が伴わないことも多く、見知らぬ加害者からの暴力を伴うレイプと比較して、判断があいまいになるという問題がある。

　デートレイプの判断に関する研究を行う必要性として、第一に被害者自身がレイプであると認識できるようにすることで被害の潜在化を防ぎ、再被害のリスクを減らすことが必要である。第二に被害者の周囲の支援者がレイプであると認識できるようにすることで、警察への通報や医療機関の受診などの適切な対応をとることが可能になる。また二次被害を減らすという意味でも重要である。第三に裁判員裁判における有罪・無罪の判断、量刑判断に対する影響を明らかにする必要がある。本研究では、これらの問題意識に基づき、デートレイプの判断に影響を及ぼす要因について検討する。

　本章の後半では、デートレイプの判断に関する先行研究を検討した。その結果、国内のデートレイプの判断に関する先行研究は非常に数が少ないことが明らかになった。特に心理学的な実証的研究は数えるほどであり、未だ明らかにされていない部分が多いと考えられる。

　海外の先行研究ではデートレイプの判断を行う判断者の性別による比較が多く行われてきた (Pollard, 1992)。男性は女性よりもレイプの被害者に責任を帰属し (Kleinke & Meyer, 1990)、被害者を責め (Bell et al., 1994)、レイプと判断しない傾向にあることが示されている (Gray, 2006)。また判断者のレイプ支持態度 (Lottes, 1991) が判断に影響することが示唆されている (Frese et al., 2004)。日本においても法曹関係者、医療関係者、警察などにおいてレイプ支持態度の存在が指摘されており (板垣, 2001; 川口, 2006; 角田, 2001; 角田, 2002; 渡辺, 2000)、レイプ支持態度がデートレイプの判断に与える影響につい

第1章 序 論 29

て、実証的な研究が必要である。

　次にデートレイプの状況要因について検討した先行研究では、加害者が身体的暴力を使わず言葉で性行為を強制している場合には、身体的暴力を伴う強制よりもレイプであると判断されないことが示されている（Katz et al., 2007; Langley et al., 1991; Shotland & Goodstein, 1983）。また被害者の同意の意思表示があいまいな場面では、男性が明らかに強制的に性行為を行っていてもレイプであると判断されないことが示されている（Sawyer et al., 1998）。実際のデートレイプは、身体的暴力はなく言葉による強制によって行われているものが非常に多いため（Livingston et al., 2004）、言葉による強制をレイプとして認識することが重要である。しかし国内の研究では言葉による強制を伴うデートレイプ状況について研究されておらず、デートレイプの判断との関係について明らかにすることが必要である。

　さらに判断者の立場については、被害者が自分と似ていると知覚することは被害者への非難を低減することが明らかになっている（Bell et al., 1994）。デートレイプの判断についても判断者の立場が影響するかどうかについて検討する必要がある。

　レイプ被害によるPTSD症状を始めとした心理的影響は長期にわたって被害者をパワーレスの状態におき、周囲の人間関係にも大きな影響を与えることが明らかにされており、レイプの予防が重要な課題であることは言うまでもない。欧米では、レイプ予防のための学校での教育プログラムの有効性についての検討がすでに行われており、レイプ支持態度の変容を目的とした介入の効果の検証も行われている（Anderson & Whiston, 2005）。国内においても看護職に対する教育プログラム（片岡, 2004）や大学生に対する視聴覚教材によるガイダンス（北風, 2008）などが行われているが、デートレイプの判断に焦点をあてた研究は行われていない。デートレイプの判断に対する教育的介入の効果についても検討する必要がある。

第 2 章　本研究の目的

　前章では本研究の問題意識について述べた。デートレイプの判断に関する研究を行う必要性として、第一に被害者自身がレイプであると認識できるようにすることが被害の潜在化を防ぎ、再被害のリスクを減らすという点で重要である。第二に被害者の周囲の支援者がレイプであると認識できるようにすることが警察通報や医療機関の受診などの適切な対応につながり二次被害が生じるリスクを減らすという点で重要である。第三に現在行われている裁判員裁判における有罪・無罪の判断、量刑判断に対する影響を明らかにすることが必要である。

　そして先行研究のレビューにより、この領域における国内の先行研究は数が少なく、デートレイプの判断に影響を及ぼす要因について十分に検討されていないことが明らかになった。そこでまず、デートレイプの判断の男女差について検討し、さらにレイプ支持態度が判断に与える影響について明らかにする。判断者の性別とレイプ支持態度については海外で多くの先行研究があるが、レイプの定義の問題が社会や文化と切り離せないものである以上、改めて検討する必要があると考えられる。またデートレイプ状況に関して、十分に検討されていない言葉による性的強制に焦点をあてる。これは特にグレイゾーンとなりやすい状況要因である。それに加えて、デートレイプの判断が行われる場に注目し、判断者の立場による比較が必要であると考えている。さらにデートレイプの判断に対する教育的介入の効果を検討することが必要である。

　以上のことから、本研究の目的は、デートレイプの判断に影響を及ぼす要因について、レイプ支持態度と男女差の観点から検討を行うことである。それにより、デートレイプの予防教育のための基礎資料を得ることができると

考えられる。本研究では以下の4つの研究を行う。

　まず、デートレイプの判断の男女差を明らかにするための基礎的な研究として、【研究1　強要と同意の判断の男女差に関する順序構造分析】を行う。【研究1】では、交際相手との性行為の場面における強要と同意の判断の男女差について、順序構造分析の手法を用いて検討する。

　次にレイプ支持態度とデートレイプ状況がデートレイプの判断に及ぼす影響について明らかにするため、【研究2　レイプ支持態度とレイプ状況が判断に及ぼす影響：強要戦術と被害者の心情による検討】を行う。【研究2】では、判断者のレイプ支持態度と、デートレイプ状況として加害者の強要戦術および被害者の心情について検討を行う。

　次にレイプ支持態度と判断者の立場がデートレイプの判断に及ぼす影響について明らかにするため、【研究3　レイプ支持態度と判断者の立場が判断に及ぼす影響】を行う。【研究3】では、判断者のレイプ支持態度とレイプシナリオの加害者、被害者に対する判断者の立場について検討を行う。

　最後にレイプ支持態度とレイプに関する教育的介入がデートレイプの判断に及ぼす影響を明らかにするため、【研究4　レイプ支持態度とレイプに関する教育的介入が判断に及ぼす影響：模擬裁判実験における有罪・無罪判断および量刑判断の男女別検討】を行う。模擬裁判員裁判のシナリオ実験を行い、デートレイプに関する刑事裁判の有罪・無罪の判断および量刑判断についての検討を行う。

　本論文の構成について、Figure 2-1に示した。

Figure 2-1　本論文の構成

第3章　強要と同意の判断の男女差に関する
順序構造分析（研究1）

1．問題と目的

　女性たちは交際相手や配偶者などの親密な関係にある相手から、言葉による圧力や脅しをうけ、自分が望んでいないにもかかわらず性行為に応じることがある。Livingston et al.（2004）は、関係を破綻させるという脅しや性生活に不満足だという感情の表明、攻撃的なことばなどの否定的な言葉を伴う性的強制を49.1％の女性が経験していることを明らかにした。また性行為に応じるようしつこくせがみ、嘆願するといった説得による強制を61.4％の女性が経験していることも明らかにした。

　これらの主体的でなく外的な動機による性行為は強要なのか、本人の意思で同意しているのかに関する判断について、判断者の性別による検討が行われている。Sawyer et al.（1998）によれば、デートレイプと判断されやすいのは、加害者がより強要の程度が大きい戦術を用いているか、被害者が強く抵抗して同意していないことがより明らかな場合である。逆に、加害者の戦術が強要の程度が小さいと判断されるものであったり、被害者の「No」がはっきり提示されていないときには、レイプと判断されなくなると考えられる。

　相手が性行為を望まないときに用いる「強要戦術（Tactics）」について検討した先行研究では、大学生の男女が、言葉でプレッシャーをかけること、身体に触るなどして性的に刺激すること、ふざけているふりをして力づくで性行為をするなどの方法について、酒に酔わせることや身体的暴力による強

要よりも容認していることを明らかにしている（Struckman-Johnson & Struckman-Johnson, 1991）。また女性は男性よりもこれらの方法を容認しなかったが、最初の性行為よりも2回目以降の性行為の場合には受け入れる傾向がみられた。この結果については、女性が性行為を受け入れるものだという性役割規範が内面化されていることによると考えられている。

　国内の研究では、デートレイプにおいて、どのような強要戦術が強要であると判断されやすいのか、どのような被害者の心情が描写されると性行為の同意がないとみなされるのかという点について明らかにされていない。強要と同意の判断について、男性と女性では違いが見られるのかについて検討する必要がある。したがって、本研究の目的は、交際相手との性行為の場面に対する強要と同意の判断の男女差について検討することである。

　本研究では、これらを検討する分析方法として、順序構造分析（Order Structure Analysis）を用いる。開発者の戸田・酒井・やまだ（2009）によれば、順序構造分析は、複数の事象間に見られる順序性を明らかにしたいときに用いることができ、項目数は2項目から、回答者数は数十名程度からと、比較的小規模のデータの分析に適した分析方法であるという。2値データ（はい・いいえ）だけでなく、多値データにも適用が可能であるという点で、ガットマンが提案したスケーログラム分析（Scalogram Analysis）およびPOSA（Partial Order Scalogram Analysis）、項目反応理論（Item Response Theory）に基づく分析方法とは異なっている。複数のモデルを構成し比較検討することなど、理論構築のための試行錯誤を手軽に行うことのできる柔軟性を備えているという特色がある（戸田ら, 2009）。男性と女性では、どのような強要戦術が強要であると認知されやすいのか、どのような被害者の心情が描写されると性行為の同意がないとみなされるのか、具体的なシナリオの順序性を検討するために順序構造分析を用いることが適切であると考える。

第3章 強要と同意の判断の男女差に関する順序構造分析（研究1） 37

2．方　法

　調査対象　首都圏文系私立A大学で心理学を専攻する大学生および大学院生59名に質問紙を配布し、56名（男性25名、女性31名）から回答を得た（回収率94.9%）。平均年齢は21.63歳（$SD=3.27$）であった。

　調査手続　2009年5月に、無記名の自記式質問紙調査を実施した。A大学の講義終了時に研究協力の依頼、および調査質問紙の配布を行い、後日郵送にて回収した。配布に際しては、封筒に調査用紙を入れて対象者にわたし、回収に際しては、同封の返信用切手を貼った封筒に入れて、ポストに投函するように教示した。また対象者自身の経験を尋ねるものではないこと、答えたくない場合は質問項目をみないで破棄すること、結果は研究以外の目的に使用しないこと、回答中に気分が悪くなるなどの変化があった場合は回答を中止することなどについて確認された。

　調査内容　学年、年齢、性別について尋ねた後、以下の恋愛関係にある男女間での性行為に関する項目について質問した。

⑴「強要」の判断

　Kelly（1987 喜多訳 2001）、Livingston et al.（2004）、藤岡（2006）を参照して、独自に作成した9つのエピソードを用いた。項目1は相手の意思の確認に関する項目である。

　項目2「セックスしないと別れると冗談っぽく言って」（圧力をかける）、項目7「怒ったり泣いたりして困惑させ」（懇願する）、「セックスしないと他の人と浮気するとほのめかして」（ネガティブな結果になると脅す）は、ことばや態度による強要に関するエピソードである。

　項目3「腕を強く引っ張ってベッドに連れて行き」、項目5「壁をゴンッと大きな音で叩いて相手を怖がらせて」（暴力の脅し）、項目6「起き上がら

せないように体重をかけ、押さえつけて」（強制）、項目8「背中を思い切り
こぶしで殴り」（力ずく）の4項目は、身体的暴力や暴力の脅しに関するエピ
ソードである。

　それぞれの項目について、「以下に示される行為は性行為を無理強いして
いると思いますか」と問い、「1　まったく無理強いしていない」から「5
かなり無理強いである」までの5段階で評定するよう求めた。

⑵「同意」の判断

　Kelly（1987 堤他訳 2001）、Livingston et al.（2004）、藤岡（2006）を参照し
て、独自に作成した被害者の心情を描写した9つのエピソードを用いた。た
だし、項目1「自分もセックスを望んでいることを伝えてセックスする」
は、主体的な同意が示されている描写として用いた。それぞれの項目につい
て、「相手から性行為を求められた際、以下に示されるような対応は性行為
に同意していると言えますか」という問いに対し、回答は「1　まったく同
意していない」から「5　まったく同意している」までの5段階で評定する
よう求めた。

　結果の処理　本研究では各項目に対する反応の男女差について、2つの分
析を用いて検討した。
⑴各項目に対する判断の男女差を t 検定によって検討した。
⑵事象間の順序を明らかにする順序構造分析（戸田ら, 2009）の手法を用い
　て、男女差を分析した。順序構造分析とは、分析対象となる測定項目群か
　ら抽出することのできる2項目のペア全てについて、項目間に順序性が成
　り立っているか否かを判定し、順序性が成り立っている2項目の「ブロッ
　ク」が組み合わさってできているより複雑な順序構造を見出すものであ
　る。「2項目間に順序性がある」とされるのは、「差異条件」と「相関条
　件」が成り立つ場合である。「差異条件」として F 検定によって得られた

第3章 強要と同意の判断の男女差に関する順序構造分析（研究1）　39

F値の絶対値、「相関条件」として相関係数を基準値として採用した。

3．結　果

⑴強要判断の男女差

　各項目の評定の平均値について、男女間の差を検定したが、いずれの項目においても有意な差は認められなかった（Table 3-3-1）。

　男女別に強要判断の9項目間の相関係数を求めたところ、$r=-.03\sim.96$の範囲であり、男性では項目1の相関が低かったが、それ以外の項目は概ね5％水準で有意であった（Table 3-3-2）。女性はすべての項目間で相関がみられた。

　次に男女ごとの順序構造分析の結果をFigure 3-3-1およびFigure 3-3-2に示した。これらは項目間のブロック関係を図に表したものである。「差異条件」としてF検定によって得られたF値の絶対値が7.82より大きいこと（有意確率1％以下である）、「相関条件」として相関係数が.40以上であることを基準値として採用した。図に示されているラインは、これらの差異条件、相関条件を満たしている、つまり$r=.40$以上の相関があり、有意確率1％以下（$F>7.82$）で平均値に差がみられた項目間を結んでいる。ラインの太さは相関の強さを表し、太い順に相関係数の値が.8以上、.6以上.8未満、.4以上.6未満の3段階である。赤く色がついているのは男性と女性で共通していた5個のブロックである。男性は計9個のブロック、女性は計6個のブロックが見出された。

　各項目を表す円の左右の位置は回答の平均値を表している。より性行為の強要であると判断された項目ほど図の右方に位置する。●は身体的暴力や暴力の脅しに関する場面、○はことばや態度による強要に関する場面、中間色は相手の意思の確認に関する場面である。

　男女ともに5「壁をたたいて脅す」と8「こぶしで殴る」から2「関係を

Table 3-3-1　基本統計量

年齢	全体 (n=56)				男性 (n=25)		女性 (n=31)		t値	df=54
	M	SD	範囲		M	SD	M	SD		
年齢	21.63	3.27	18	38	21.12	2.60	22.03	3.72	-1.04	n.s.
強要判断										
1　セックスを望んでいることを相手に確かめてからセックスする*	4.30	.99	1	5	4.08	1.22	4.48	.72	-1.46	n.s.
2　セックスしないと別れると冗談っぽく言って、セックスをする	3.57	1.17	1	5	3.44	1.04	3.68	1.28	-.75	n.s.
3　胸を強く引っ張ってベッドに連れて行き、セックスする	3.93	1.22	1	5	3.92	1.32	3.94	1.15	-.05	n.s.
4　くたくたに疲れて眠ろうとしている相手にセックスする	4.00	.93	1	5	3.88	.97	4.10	.91	-.86	n.s.
5　壁をコンっと大きな音で叩いて相手を怖がらせてセックスする	4.46	1.19	1	5	4.48	1.16	4.45	1.23	.09	n.s.
6　起き上がらせないように体重をかけ、押さえつけてセックスする	4.13	1.24	1	5	4.08	1.26	4.16	1.24	-.24	n.s.
7　怒ったり泣いたりして困惑させ、セックスする	4.13	1.10	1	5	4.12	1.13	4.13	1.09	-.03	n.s.
8　背中を思い切りこぶしで殴り、セックスする	4.54	1.19	1	5	4.56	1.16	4.52	1.23	.14	n.s.
9　セックスしないと他の人と浮気をするとほのめかして、セックスする	4.02	1.27	1	5	4.00	1.26	4.03	1.30	-.09	n.s.
強要判断合計	37.07	8.11	13	45	36.56	7.93	37.48	8.36	-.42	n.s.
同意判断										
1　自分もセックスを望んでいることを伝えてセックスする*	1.45	.93	1	5	1.40	.96	1.48	.93	-.33	n.s.
2　相手が望むので、断るのは悪いと思ってセックスする*	2.88	1.27	1	5	3.28	1.31	2.55	1.15	2.23	*
3　自分の知らない場所でセックスしないなら車から降りろと言われ、ひとりでは帰れないと思ったのでセックスする	1.54	.99	1	5	1.80	1.08	1.32	.87	1.83	n.s.
4　応じないと相手が一日不機嫌になったことがあるのでセックスする	2.00	1.03	1	5	2.20	1.26	1.84	.78	1.25	n.s.
5　セックスを望まない時でも、相手が怒るのが嫌なのでセックスする	1.79	.97	1	4	2.00	1.15	1.61	.76	1.44	n.s.
6　セックスを望んでいないことを説得する自信がないのでセックスする	2.04	1.04	1	5	2.32	1.14	1.81	.91	1.87	*
7　セックスを望まない時でも相手から嫌われたくないのでセックスする	2.16	1.11	1	4	2.56	1.08	1.84	1.04	2.54	*
8　終電がなくなり、帰る手段がなかったので仕方なくセックスする	2.64	1.43	1	5	3.16	1.34	2.23	1.38	2.54	*
9　仲間の中で自分だけ性経験がないことが恥ずかしいのでセックスする	2.71	1.37	1	5	2.96	1.40	2.52	1.34	1.21	n.s.
同意判断合計	19.20	6.92	9	35	21.68	7.09	17.19	6.18	2.53	*

*逆転項目

*p<.05

第3章　強要と同意の判断の男女差に関する順序構造分析（研究1）　41

Table 3-3-2　強要判断の項目間相関表

	1	2	3	4	5	6	7	8	9
1	—	.25	.40*	.53**	.72***	.47**	.47**	.75***	.51**
2	-.29	—	.60***	.32*	.52**	.41*	.54**	.51**	.79***
3	-.05	.45*	—	.55***	.63***	.59***	.62***	.56***	.69***
4	-.03	.30	.51**	—	.73***	.61***	.53***	.67***	.45***
5	.30	.47*	.65***	.61***	—	.82***	.80***	.96***	.78***
6	.13	.29	.86***	.56**	.75***	—	.85***	.77***	.59***
7	.14	.52**	.62***	.70***	.85***	.76***	—	.79***	.77***
8	.32	.41*	.66***	.62***	.94***	.74***	.87***	—	.78***
9	.11	.73***	.55**	.61***	.71***	.53**	.76***	.74***	—

注1　左下が男性、右上が女性
注2　有意確率　$*p<.05$, $**p<.01$, $***p<.001$

破綻させるという脅し」のブロックが見いだされた。また8「こぶしで殴る」から7「怒る・泣くなどによって懇願する」、9「性生活に不満足だという感情の表明」、3「腕を強く引っ張る」へのブロックも男女で共通していた。したがって、これらのシナリオの間には相関があり、平均値の差も有意であり、順序性が見出されたということである。一方、男女ともに6「押さえつける」と1「相手の意思の確認（逆）」では、それ以外のシナリオと相関が低く、平均値の差も有意でなかったため、ブロックが構成されなかった。

　男女で異なっていたのは、男性では7「怒る・泣くなどによって懇願する」および9「性生活に不満足だという感情の表明」から、2「関係を破綻させるという脅し」に対してのブロックがみられるのに対し、女性ではみられなかったこと、4「疲れて眠ろうとしていることを考慮しない」は男性では、5「壁をたたいて脅す」および8「こぶしで殴る」との相関が強く平均値の差も有意でありブロックが構成されているが、女性では単独で存在していることの2点であった。ブロックの数は、男性が9個であるのに対し女性では6個であり、女性のほうが、相関が高く有意な平均値の差がある項目関

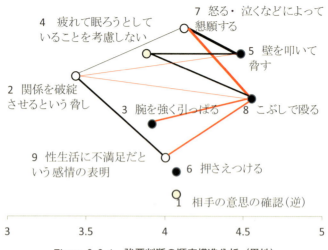

Figure 3-3-1　強要判断の順序構造分析（男性）

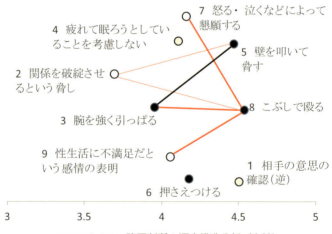

Figure 3-3-2　強要判断の順序構造分析（女性）

第３章　強要と同意の判断の男女差に関する順序構造分析（研究１）　43

係が少なかったと言える。

⑵同意判断の男女差

　各項目の評定の平均値について、男女間の差を検定したところ、２「相手が望むので、断るのは悪いと思ってセックスする」、７「性行為を望まない時でも、相手に嫌われたくないのでセックスする」、８「終電がなくなり、帰る手段がなかったので仕方なくセックスする」の３項目において有意な差が認められた（Table 3-3-1）。女性よりも男性のほうが、これらのエピソードを同意であると考えていた（２：t (54) ＝2.23、$p<.05$；７：t (54) ＝2.54、$p<.05$；８：t (54) ＝2.54、$p<.05$）。

　次に、男女別に同意判断の９項目間の相関係数を求めたところ、r＝.00～.95の範囲であり、男女とも項目１の相関が低く、男性では項目３も他の項目との相関が低かった。それ以外は概ね５％水準で有意であった（Table 3-3-3）。

　次に男女ごとの順序構造分析の結果をFigure 3-3-3とFigure 3-3-4に示した。差異条件と相関条件は、強要判断と同様である。より同意していると判断された項目ほど図の右方に位置している。

　男女ともに２「断るのは悪いから」と４「応じないと相手が一日中不機嫌になったことがあるから」、５「相手が怒るのが嫌だから」、６「説得する自信がない」、７「相手に嫌われたくないから」とのブロックが見いだされた。１「自分も望んでいたから（逆）」はほかの項目とブロックをつくらなかった。

　男性と女性で異なっていたのは、男性では、８「帰る手段がなかった」と４「応じないと相手が一日中不機嫌になったことがあるから」、５「相手が怒るのが嫌だから」、６「説得する自信がない」、７「相手に嫌われたくないから」とのブロックが見いだされたことである。女性では８「帰る手段がなかった」は、５「相手が怒るのが嫌だから」とのブロックのみである。ま

44

Table 3-3-3　同意判断の項目間相関表

	1	2	3	4	5	6	7	8	9
1	—	.02	.21	.11	.09	.00	.02	-.17	-.21
2	-.36	—	.42*	.47**	.52**	.55***	.50**	.11	.31*
3	.00	.13	—	.57**	.70***	.38*	.32*	.13	.05
4	-.10	.60**	.12	—	.79***	.75***	.55**	.47**	.53**
5	-.04	.55**	.20	.95***	—	.76***	.60***	.47**	.50**
6	-.12	.52**	.02	.82***	.79***	—	.67***	.72***	.69***
7	.15	.65***	.06	.83***	.83***	.89***	—	.54**	.40*
8	-.34	.47*	.25	.65***	.56**	.59**	.62***	—	.75***
9	-.36	.51**	-.36	.43*	.31	.53**	.54**	.62***	—

注1　左下が男性、右上が女性
注2　有意確率　*$p<.05$, **$p<.01$, ***$p<.001$

た、男性では、ほかの項目とのブロックが形成されなかった3「一人では帰れないと思ったから」は、女性では2「断るのは悪いから」と4「応じないと相手が一日中不機嫌になったことがあるから」とのブロックが見出された。

　また、女性では、9「自分だけ性経験がないことが恥ずかしい」と4「応じないと相手が一日中不機嫌になったことがあるから」、5「相手が怒るのが嫌だから」、6「説得する自信がない」がブロックをつくっていた。男性では、9「自分だけ性経験がないことが恥ずかしい」は、ほかの項目とブロックを作らなかった。

　ブロックの数は、男性では9個であり、女性は10個でほぼ同じであったが、男性のほうが、順序性のある項目関係が少なかったと言える。

4. 考　　察

　本研究の目的は、交際相手との性行為の場面に対する強要と同意の判断の男女差について、順序構造分析の手法を用いて探索的に検討することであっ

第 3 章　強要と同意の判断の男女差に関する順序構造分析（研究 1）　45

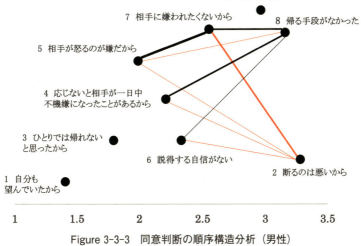

Figure 3-3-3　同意判断の順序構造分析（男性）

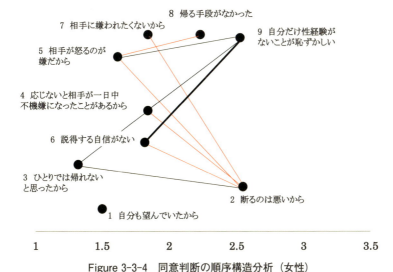

Figure 3-3-4　同意判断の順序構造分析（女性）

た。以下、結果について考察する。

強要判断の男女差

　強要判断の男女差について、各項目の評定値に有意な差は認められなかった。先行研究では、女性よりも男性のほうが性行為における強要戦術を受容する傾向が示されていた（Struckman-Johnson & Struckman-Johnson, 1991）。

　より詳細に検討するために順序構造分析を行ったところ、エピソード間の順序構造は男女で共通点と相違点が示された。共通点としては、「壁を叩いて脅す」、「こぶしで殴る」というエピソードは、「関係を破綻させると脅す」のエピソードよりも強要であると男女とも判断されており、同様に、「こぶしで殴る」というエピソードは、「怒る・泣くなどによって懇願する」、「性生活に不満足だという感情の表明」、「腕を強く引っ張る」などのエピソードよりも強要であると判断されていることが明らかになった。身体的暴力や身体的暴力を用いるという脅しは、ことばによる強制よりも強要の度合いが低いと判断されたからであると考えられる。先行研究においても身体的な暴力がなく身体的な抵抗をしていない状況では、身体的な暴力があり、それに対して身体的な抵抗をしている状況よりもレイプとより確信をもって判断されることが示されている（Shotland & Goodstein, 1983）。本研究の結果もこれを支持しているといえる。

　また、相違点としては、男性では、「怒る・泣くなどによって懇願する」、「性生活に不満足だという感情の表明をする」というエピソードは、「セックスをしないなら別れると冗談ぽく言う」エピソードよりも強要であると判断されたことである。女性ではこのブロックは見出されなかった。男性は性行為に関する相手の表現について、「冗談ぽく」という部分について女性よりも敏感にとらえ、強制力が低いと判断したのではないかと考えられる。

　また男性は女性よりもブロックの数が多く、エピソード間の順序構造が女性よりも多く示されたことになる。その理由は明らかではないが、男性は提

第3章　強要と同意の判断の男女差に関する順序構造分析（研究1）　　47

示されたエピソードの間になんらかの共通性を見出し、強要の度合いを比較することができるが、女性は強要かどうかという一つの視点で比較できるエピソードとそうでないエピソードがあったと推測される。女性が他のエピソードとの比較が難しかったと推測されるのは、例えば、「疲れて眠ろうとしていることを考慮しない」である。男性では、この戦術は壁をたたいて脅すことやこぶしで殴るよりも強要ではないと判断されているのに対して、女性では他のエピソードとの順序関係がみられなかった。Basile（1999）が“黙従によるレイプ”と呼んだような女性にとって義務だと感じられるような性行為の場合、それは強要かどうかという視点自体がない可能性がある。もしくは、疲れて眠ろうとしている度合いによっても違うといったように、女性はその戦術によって強要の判断をするのではなく、その戦術の強要の度合いについての判断が行われているのではないかと考えられる。

　また男女ともに「起き上がらせないように体重をかけて押さえつける」エピソードはブロックが構成されなかった。これについても同様に押さえつける強さによって判断が分かれるような描写であり、他の項目とは独立したと考えられる。

　相手の意思を確認するというエピソードについて男女ともにブロックが構成されなかった。これについては、上記の2項目とは異なる考察が可能だろう。合意による性行為は他の強要戦術とは同一カテゴリーで論じられるものではないという見解である。中島（2011）は性暴力と合意による性行為は一本の連続体上に存在するのではなく、交わることのない2本の線上にあると述べている。強要の程度が薄まれば合意の性行為になるのではなく、もとより別のライン上にあるのだと論じている。本研究の結果がそれを示すものであったと考えることも可能であろう。

　以上のことから強要判断の評定値について男女差は認められなかったが、順序構造分析の結果から、身体的暴力や暴力の脅しは、ことばによる強制よりも強要と判断されるという男女の共通点とともに、男性よりも女性のほう

が順序構造の見出されない戦術が多いという相違点も明らかにされた。男性のほうが提示された強要戦術に何らかの共通点を見出し、強要の度合いを比較できるが、女性は強要かどうかという一つの視点で比較できる戦術ばかりではなかったと推測される。女性のほうが特にことばによる強制に対する捉え方や評価が多様であり、判断に影響を及ぼす要因について、さらに検討することが必要であろう。

同意判断の男女差

　同意判断の評定値について、一部の項目で男女差が見られた。断ると相手に申し訳ないという罪悪感や相手の機嫌を損ねることへの恐れ、性行為にNoということが困難な状況におかれていることなどが性行為に応じた理由であるとき、男性よりも女性のほうが性行為には同意していないと判断していることが明らかになった。実際にこのような理由で性行為に応じる経験が男性よりも女性に多く、男性が考えているよりも女性は日常的に性的自己決定権を行使していないということを表しているかもしれない（Struckman-Johnson et al., 2003）。男性は女性よりも被害者が性行為を望んでいたと考える傾向にあることも関係していると考えられる（Jenkins & Dambrot, 1987）。

　また、Kelly（1987 喜多訳 2001）は、Burt（1983）がDwokinの著書への書評の中で展開している連続体の概念を紹介し、女性も男性も同じように望む合意による性行為から、女性が男性に申し訳ないとかNoというのに罪悪感をもつという理由で行う利他的性行為、しない方がするよりも悪い結果をもたらすという理由で行う従順的性行為、レイプまでを一つの連続体として考えることを提案している。利他的性行為と従順的性行為を「性行為の圧力」を称し、より強制性の高いものを「強制的性行為」として、合意の性行為からレイプまでの間に位置するとしている。本研究の順序構造分析の結果からは、車で知らない場所に連れて行かれ性行為を求められたエピソードがもっとも強制的な性行為の極であり、それに続いて応じないと相手が不機嫌に

なったことがあるからなどの従順的性行為があり、断るのが悪いからという利他的性行為が反対の極である。女性の場合、これらの強制的、従順的、利他的性行為はブロックが形成されており、「性暴力の連続体」の概念により理解することができる。男性の場合には、従順的、利他的の間はブロックが形成されているが、それ以外は独立している項目が多く、女性にとっては連続体として認識されるこれらのエピソードも男性にとっては共通性を見出しにくいのかもしれない。

　各ブロックについて見てみると、男女ともに「相手が望むので、断るのは悪い」という理由で性行為に応じるエピソードよりも、「応じないと相手が一日中不機嫌になったことがあるから」、「相手が怒るのが嫌だから」、「説得する自信がない」、「相手に嫌われたくないから」という理由で応じるエピソードのほうがより同意していないと判断していた。性行為を断ることによって生じる不利益についての言及がある場合には、主体的な同意ではないと理解されると考えられる。相手が望むので断るのは悪いという表現がyouを主語とした他者依存的な印象を与えるのに対し、説得する自信がない、嫌われたくないというのは、Iを主語として表現されている点から、女性の心情の表現の仕方によって判断が変わる可能性が示された。

　男女の相違点としては、男性では、「終電がなくなり帰る手段がなかった」という理由で応じたエピソードと、「応じないと相手が一日中不機嫌になったことがあるから」、「相手が怒るのが嫌だから」、「説得する自信がない」、「相手に嫌われたくないから」という理由で応じたエピソードの間にブロックが形成され、前者より後者の方がより同意していないと判断していたが、女性では「相手が怒るのが嫌だから」とのブロックのみであったことである。この男女差の理由としては、女性は相手が怒るのが嫌という従順的性行為というカテゴリーにおいて、「終電がなくなり帰る手段がなかった」ことは、女性側のコントロールの失敗ととらえ、同意であると判断したようである。一方男性では、従順的性行為という側面から処理されただけでなく、相

手に嫌われたくないという動機に基づいて主体的な同意と判断された可能性がある。相手を好きだから終電がなくなるまで一緒にいたと捉えると、嫌われたくないという動機との関連が見出せるのかもしれない。

　また男性では、「一人では帰れないと思ったから」は、他のエピソードとのブロックを形成しなかった。女性では「断るのは悪いから」と「応じないと相手が一日中不機嫌になったことがあるから」とのブロックを形成していたエピソードである。女性にとってこれらは連続するエピソードである。女性は性行為を断ることによっても別の危険が生じることを認識しており、それは相手からの不利益を被ることに比べて主体的な同意ではないと判断したようである。一方、男性は女性よりもこのエピソードを同意であると判断しており、一人では帰れないところまでついていったという責任を被害者に帰属させていると解釈できる。

　また、女性では、「自分だけ性経験がないことが恥ずかしい」は、「応じないと相手が一日中不機嫌になったことがあるから」、「相手が怒るのが嫌だから」、「説得する自信がない」とのブロックを形成していた。しかし、男性では、ほかの項目とブロックを作らなかった。男性の方が性行為に対するピアプレッシャーを受けやすく、早く性経験を積みたいという動機づけが高い可能性があるが、女性の側のそのような動機について受けとり方が多様であったと推察される。

　以上のことをまとめると、同意判断には、強要判断よりも男女差があるといえるだろう。断ると相手に申し訳ないという罪悪感や相手の機嫌を損ねることへの恐れ、性行為にNoということが困難な状況におかれていることなどが性行為に応じた理由であるとき、男性よりも女性のほうが性行為には同意していないと考えていた。そして順序構造分析からは、女性において、強制的、従順的、利他的性行為のブロック関係が見出されたため、Kelly（1987 喜多訳 2001）の「性暴力の連続体」の概念から検討した。また、同意判断は被害者の出来事に対する統制の失敗や責任性の判断と関連してい

第3章　強要と同意の判断の男女差に関する順序構造分析（研究1）　51

とが推察され、その解釈における男女差について検討する必要性が示された。

本研究の限界と今後の課題

　本研究の限界として、ある特定のエピソードを抜き出して強要と同意の判断を検討したが、本来判断は文脈に依存し、文脈からは切り離せないものである。したがって、本研究で強要や同意と判断されたエピソードが、文脈によっては異なる判断となる可能性は十分にあるだろう。今後はその点を改善するために、シナリオを用いた検討が有効であると考える。シナリオはレイプの判断研究ではポピュラーな研究手法であり、条件を統制することができるという利点がある。

　本研究では性別以外の個人要因については検討できなかったため、今後の研究では判断に影響を及ぼす要因についてさらに検討する必要がある。また順序構造分析の時間的順序や因果に関する研究への応用可能性については、さらに方法論的検討を行うことが課題である。

【付記】本章の一部は、北風菜穂子・いとうたけひこ・井上孝代　2011　順序構造分析によるデートレイプ判断の性差の検討　応用心理学研究　第37巻第1号40-41頁に掲載された。

第4章　レイプ支持態度とレイプ状況が判断に及ぼす影響：強要戦術と被害者の心情による検討（研究2）

1．問題と目的

　さまざまな心理的、身体的な強要戦術（tactics）によって、多くの女性が望まない性行為を行っている（Livingston et al., 2004）。男性がことばで性行為に応じるように圧力をかけ、女性が望まない性行為に同意することをことばによる性的強制（Verbal sexual coercion）と呼ぶ（Muehlenhard & Schrag, 1991）。

　前章（研究1）ではデートレイプの判断について順序構造分析により探索的に検討した。男性は強要戦術の種類によって強要かどうかを判断する一方、女性は、特にことばによる強制のエピソードに対する捉え方や評価に個人差があることが推察された。また同意の判断については、女性はKelly（1987 喜多訳 2001）「性暴力の連続体」に示されているような順序構造が見出された。一方、男性は同意に至る女性側の心情に対して受けとり方に個人差があることが示唆された。

　本章（研究2）では、デートレイプの判断についてさらに詳細に明らかにするため、被害者の統制や責任判断などの他の変数についても検討する。

　また判断者の性別に加え、態度要因としてレイプ支持態度についても検討する。レイプ支持態度とは被害者を非難するような、または被害者に冷淡な（victim-callous）態度である（Lottes, 1991）。レイプに対する誤った信念である「レイプ神話」を含み、被害者に対する非好意的な態度を指している

(Lottes, 1998)。筆者らの研究では、男女ともにレイプ支持態度を持つ者は被害者に責任があり、加害者に責任がないと判断し、被害者の心的外傷の程度を軽く見積もる傾向にあることが明らかになっている（北風ら、2009b）。女性よりも男性の方が被害者に対して非好意的な態度をもつという研究が多数であるが（Lonsway & Fitzgerald, 1994 他）、ことばによる強制を含むデートレイプの判断にどのように影響するのかは明らかになっていない。

　そこで本研究では、レイプ支持態度とデートレイプ状況がデートレイプの判断に及ぼす影響について検討することを目的とする。デートレイプ状況として、加害者の強要戦術と被害者の心情について検討する。またレイプ支持態度とデートレイプ状況がデートレイプの判断に及ぼす影響について詳細に明らかにするため分析を男女別に行う。

２．方　　法

　調査対象　首都圏私立Ａ大学、Ｂ大学、Ｃ大学、および関西圏国立Ｄ大学の大学生、大学院生男女720名に質問紙を配布し、研究協力を依頼した。

　調査手続　2010年１月から７月にかけて、無記名の自記式質問紙調査を実施した。Ａ大学、Ｂ大学については、大学の講義終了時に研究協力の依頼、および調査質問紙の配布を行い、後日郵送にて回収した。Ｃ大学、Ｄ大学については縁故法によって、研究協力を依頼し、郵送にて回収した。配布に際しては、封筒に調査用紙を入れて対象者にわたし、回収に際しては、同封の返信用切手を貼った封筒に入れて、ポストに投函するように依頼した。また後述する倫理的配慮の諸項目について、封筒の表面に表記し、口頭でもアナウンスした。

　調査内容

(1)レイプ支持態度

　レイプ支持態度は、レイプ被害者に対する非好意的な態度（レイプに対す

る誤った信念であるレイプ神話を含む）の測定を目的として開発されたRape Supportive Attitude Scale（Lottes, 1998）を翻訳、および反訳して作成された翻訳版Rape Supportive Attitude Scale（片岡・堀内, 2001）を用いて測定された。翻訳版Rape Supportive Attitude Scale（以下、RSAS）は、397名の看護者のデータをもとに信頼性、妥当性の検討が行われている。構成概念妥当性については因子分析（主因子法・バリマックス回転）によって17項目、4因子構造が見出された。第1因子は「強姦[注]にまつわる女性像と強姦する男性の正当化（$\alpha = .75$）」に関する7項目で構成され、強姦にあう女性の特徴やそういった女性に対して加害者である男性の正当性について示されていた。第2因子は「強姦に至る状況と女性の責任（$\alpha = .72$）」に関する4項目であり、女性が誘いにのったときのように強姦されても仕方がないと思われる状況と女性の責任について示されていた。第3因子は、女性は暴力的な性行為を好むという内容を示した「女性の性的嗜好（$\alpha = .71$）」についての4項目で構成された。第4因子は「強姦と男性の生理的欲求（$\alpha = .51$）」で、性行為が強姦の目的であるという内容が示されている2項目であった。Cronbach's $\alpha = .84$で高い内的一貫性が確保されたため、17項目の総合得点で「レイプ支持態度」得点として用いている。また105名の看護者に再テスト法を用いて検討し、2回の信頼性係数は、0.76（$p < .001$）と高い信頼性が得られている。

　17項目の内容をTable 4-2-1に示した。回答は「非常にそう思う」から「全くそう思わない」までの5件法であり、得点範囲は17〜85点で、総合得点が高いほどレイプ被害者に対して支持的で好意的な態度を持っており、総合得点が低いほどレイプ被害者に対して非好意的な態度を強く持っていることを示している。

(2)デートレイプ状況とデートレイプの判断についての質問項目

　デートレイプシナリオを提示し、それに対する質問項目を用いて、レイプの判断を評定した。シナリオはKatz et al.（2007）を参考に独自に作成して用

Table 4-2-1 翻訳版Rape Supportive Attitude Scaleの項目内容

Ⅰ 強姦にまつわる女性像と強姦する男性の正当化

11 男性が以前にその女性と性的な関係がある場合、彼女に対して、無理やりセックスしてもある程度正当化される

9 事件が発生した2日経ってからの告訴は、おそらく本当の強姦ではない

19 男性は、つきあいの長い女性となら、無理やりセックスしてもある程度正当化される

14 お高くとまって、男をコケにするような女性は、強姦など戒めを受けても当然だから仕方ない

10 強姦された女性は、それだけで魅力がなくなる

16 ほとんどの強姦の被害者は、だれとでもセックスするような淫らな人たちである

12 男性側を保護するために、強姦が起こったことの証明を難しくするべきである

Ⅱ 強姦に至る状況と女性の責任

7 女性が自ら誘いにのったときは、男性から無理やりセックスされても、ある程度正当化される

2 女性がベッドを共にしてもよいと男性に思わせるように誘った場合、その男性は無理やりセックスしてもある程度、正当化される

5 もし女性が体を愛撫され、成り行きに任せるとしたら、無理やりセックスされたとしてもそれは彼女の責任である

3 女性がどの程度抵抗したかが、本当に強姦だったかどうかの最も重要な決定因子になるべきだ

Ⅲ 女性の性的嗜好

17 多くの女性は、無意識のうちに強姦されたいという願望を持ち、無意識のうちに攻撃されやすい状況を作り出しているのだろう

13 多くの場合女性は、自分を淫らだと思われたくないため、セックスしたくないとふりをするが、本当は男性から強引にされることを望んでいる

1 多くの女性は、乱暴に扱われることで性的に刺激される

8 時として、強引にすることが、男性が冷淡な女性をその気にさせる、唯一の方法である

Ⅳ 強姦と男性の生理的欲求

4 ほとんどの強姦犯の目的は、セックスを行うことである

18 強姦は、セックスに対する押さえられない願望の現れである

いられた。シナリオは、女性が相手の男性からの性的接触に対して「やめて」とNoを表明しているが、相手の男性はその訴えを無視して、身体に触るなどして性的に刺激し、言葉でプレッシャーをかけること（ことば条件）、起き上がらせないように押さえつけること（力ずく条件）、壁を大きな音で叩くこと（脅し条件）によって、性的な性行為を強要している内容であった（Table 4-2-2）。Katz et al.（2007）では、ことばによる強要と力ずくによる強要では、ことばによる強要のほうが被害者の統制が可能であり、責任が大きいと判断されることが示されている。本研究ではそれに加え、研究1において強要性が高いと判断された、暴力をふるうという脅しによる強要を条件に加えた。

　この強要戦術の異なる3条件（力ずく／脅し／ことば）と、ことばで性行為に応じるように圧力をかけられた女性の同意に至る心情（服従／不安／罪悪感）が追記された3条件を設定した。研究1で同意の理由として示されているものの中から、順序構造が認められた女性の心情に関する3項目を抽出した。女性の心情は、相手が怒るのが嫌なので抵抗をやめて性行為に応じたというもの（服従条件）、相手に嫌われるかもしれないと考えて応じたというもの（不安条件）、断ることに申し訳なさを感じて応じたというもの（罪悪感条件）を設定した。以上の6条件のシナリオをランダムに配布することでランダム配置を行った。

　被害者の統制可能性　シナリオの登場人物の女性が、出来事を統制可能であったと考えるかについてたずねた。出来事が生じた原因に対して当事者がどのくらい統制可能であったと判断するかが、当事者への責任帰属を予測する要因であることが示されている（Weiner, 2006 速水・唐沢訳 2007）。Abrams et al.（2003）、Katz et al.（2007）をもとに本研究の内容にあうように一部修正して4項目を用いた。「ユカが、この出来事の結末を変えることは、どのくらい可能であったと思いますか」、「ユカが、ヒロシの行動をやめさせることは、どのくらい可能であったと思いますか」、「ユカが、この出来事を

Table 4-2-2　デートレイプシナリオ（ことば条件）

　ヒロシとユカは同じ大学に通う同級生です。彼らは3カ月ほど、デートを重ねていますが、セックスはしていません。ある夜、共通の友人の家に遊びに行き、話をしたり、笑ったり、楽しく過ごしました。そして、ユカはヒロシともっと話したいと思い、彼女のアパートに誘いました。部屋に着くと、ユカはヒロシにキスをしました。ヒロシはセックスしようと思って彼女の服を脱がせました。すると、ユカは彼を押しのけて「やめて」と言いました。しかし、ヒロシはユカにキスをしたり、触ったりし続けました。彼はユカが本当はセックスを望んでいるのは明らかだと言いました。＊ヒロシはセックスするようにしつこく言い続け、結局、ユカは抵抗するのをやめ、ヒロシはユカとセックスしました。

＊以下の部分が条件によって異なる

（力ずく条件）

＊ヒロシはユカを起き上がらせないように体重をかけ、押さえつけて彼女とセックスしました。

（脅し条件）

＊ヒロシは壁をごんと大きな音で叩き、結局、ユカは抵抗するのをやめ、ヒロシはユカとセックスしました。

（服従条件）

＊ヒロシはセックスするようにしつこく言い続けました。ユカはヒロシが怒るのが嫌なので、抵抗するのをやめ、ヒロシはユカとセックスしました。

（不安条件）

＊ヒロシはセックスするようにしつこく言い続けました。ユカはヒロシから嫌われたたくないので、抵抗するのをやめ、ヒロシはユカとセックスしました。

（罪悪感条件）

＊ヒロシはセックスするようにしつこく言い続けました。ユカは断るのは申し訳ないと思って、抵抗するのをやめ、ヒロシはユカとセックスしました。

予防することは、どれくらい可能だったと思いますか」、「ユカが、ヒロシの行動を抑制させることは、どれくらい可能であったと思いますか」に対し、「まったく不可能」から「完全に可能」までの7件法で回答を求めた。

加害者と被害者の責任の判断　シナリオの登場人物のそれぞれに対し、どのくらい出来事の責任があると考えるかをたずねた。統制可能性の判断が責任を予測し、責任の判断が行為者への感情反応を予測する関係にある（Weiner, 2006 速水・唐沢訳 2007）。Mason, Riger, & Foley（2004）、Katz et al.（2007）と同様に0％から100％までを評定するもので、ヒロシとユカの責任の合計が100％となる。

被害者への同情　Katz et al.（2007）を参照し、シナリオの登場人物の女性への感情反応として、同情についてたずねた。同情とは、他人の感情、特に苦悩・不幸などをその身になってともに感じること、苦痛、難儀についてともに心配することである。「ユカのことをどれくらい気の毒だと思いますか」、「ユカが置かれた立場や状況について同情しますか」の2項目を設定した。「まったく思わない」から「非常にそう思う」までの7件法で回答を求めた。

デートレイプの判断　本研究の定義に即して、シナリオに示された出来事についてレイプであるかの判断をもとめた。「ヒロシはユカに性行為を無理強いしている」、「このようなやり方で性行為することは許される（逆転項目）」、「ユカは性行為を望んでいた（逆転項目）」、「ユカは性行為に同意していた（逆転項目）」、「この出来事はレイプである」、「この出来事は強姦[注]の罪に問われる」の6項目であった。「まったく思わない」から「非常にそう思う」までの7件法で回答を求めた。

出来事による被害者への精神的影響　Katz et al.（2007）を参考に、出来事がシナリオの登場人物の女性に与える精神的影響についてたずねた。望まない性行為に応じたとき、被害者には否定的な感情、長期にわたるディストレス、自責・後悔、関係における否定的な影響などが生じることが示されてい

60

る（Livingston et al., 2004）。「この出来事の後、ユカは動揺したと思います
か」、「この出来事の後、ユカの心が傷ついたと思いますか」、「この出来事が
ユカに深刻な精神的影響を及ぼすと思いますか」の３項目であった。「まっ
たく思わない」から「非常にそう思う」までの７件法で回答を求めた。

⑶デモグラフィック要因、背景要因として、年齢、性別、学年、これまでの
　レイプに関連する教育経験の有無、親しい人のレイプ被害経験の有無につ
　いて記入を求めた。

　倫理的配慮　本研究は個人の性暴力経験について尋ねるものではなかった
が、質問紙への回答を通じて、回答者に生じるかもしれない心身の苦痛に十
分に配慮し、安全に調査が実施されるように努めた。調査の計画および実施
に関しては、調査手法および対象者に対する倫理的配慮を重視した。

⑴質問紙について

　本研究で使用した質問紙は、明治学院大学大学院心理学研究科博士後期課
程の倫理審査を通過したものであった。回答は無記名とし、配布した返信用
封筒に封入のうえ郵送にて提出するものとし、研究者以外の目に触れること
がないよう配慮した。またデータ分析後は、記入用紙を一定期間、厳重に保
管したのち破棄することとした。

⑵インフォームドコンセントについて

　性暴力に対する判断と態度を問う質問紙を大学の授業時間終了後に突然配
布されることの影響を考慮し、配布時には質問紙と返信用封筒をひとまわり
大きな別の封筒に入れ、配られた時点で質問紙の内容が見えないようにし
た。外側の封筒、および質問紙の表紙には、調査の趣旨の説明を記し、調査
協力に賛同を得られた方のみ、家に持ち帰ってもらった。その後、回答中に
気分が悪くなるなどの変化を感じられた場合は、すぐに回答を中止するよう
にと記載し、回答後は返信用封筒にいれて郵送で提出してもらった。このよ
うな手法では、調査に積極的に協力した回答者のみが対象者になるというサ
ンプリングのバイアスが生じるが、回答者の参加拒否の権利を守ることを優

先した。

(3)フォローアップについて

　本研究の質問紙に回答することによって回答者の心身が不安定になった場合に速やかな対応を行えるよう準備する必要があった。本研究者は性暴力被害者の心理臨床的支援に関わっているが、カウンセリングなどの心理支援は、一般に長期的で専門的な関わりを要するため、十分な心理支援を提供できるキャパシティがない研究者が対応するよりも適切な機関を紹介するほうがよいと判断した。気分が悪くなるなどの問題が起こった場合には、速やかに学生相談機関に相談するように記載した。

3．結　　果

対象者の属性

　272名から回答を得た。そのうち欠損値、無回答を除いた265名を分析対象とした（最終有効回答率36.8%）。男性75名、女性190名であり、年齢範囲は18歳から35歳、平均年齢は男性20.95歳（$SD = 2.07$）、女性20.47歳（$SD = 2.01$）、全体では20.60歳（$SD = 2.04$）であった。

　学年の内訳は、1年生が16名、2年生が112名、3年生が84名、4年生が41名、大学院の修士課程1年生が4名、2年生が4名、大学院の博士課程1年生が4名であった。男女で年齢には差はなかった（$t (263) = 1.75$, $n.s.$）。回答者のうち、これまでにレイプに関する教育経験のある者は35名（13.2%）、教育経験のない者が230名（86.8%）であった。また身近にレイプ被害に遭った人を知っていると回答したのは46名（17.4%）、いないと回答した者は216名（81.5%）、未回答3名（1.1%）であった。

　6種類のシナリオはランダムに配布された。各条件の人数は、条件1（力ずく条件）は45名（男性14名、女性31名）、条件2（脅し条件）は38名（男性12名、女性26名）、条件3（ことば条件）は43名（男性16名、女性27名）、条件4（服従条

件）は52名（男性8名、女性44名）、条件5（不安条件）は44名（男性10名、女性34名）、条件6（罪悪感条件）は43名（男性15名、女性28名）であった。

基本統計量と各尺度の構成

　基本統計量をTable 4-3-1に示した。レイプ支持態度尺度の合計得点は、$M = 63.47$（$SD = 7.78$）であり、男性（$M = 61.27$、$SD = 8.46$）と女性（$M = 64.34$、$SD = 7.33$）の間で有意な差がみられた（t (263) $= -2.94$, $p < .001$）。また各条件間では、得点の差は見られなかった（F（5、259）$= 2.24$, $n.s.$）。

　レイプ支持態度尺度に含まれる17項目について因子分析（主因子法・バリマックス回転）を行ったところ、片岡・堀内（2001）と同様、「強姦[注]にまつわる女性像と強姦する男性の正当化（$\alpha = .70$）」、「強姦に至る状況と女性の責任（$\alpha = .64$）」、「女性の性的嗜好（$\alpha = .70$）」、「強姦と男性の生理的欲求（$\alpha = .49$）」の4因子が見出された。各因子の平均得点は「強姦にまつわる女性像と強姦する男性の正当化」因子は$M = 30.64$（$SD = 3.47$）、「強姦に至る状況と女性の責任」は$M = 12.58$（$SD = 3.24$）、「女性の性的嗜好」因子は$M = 15.78$（$SD = 2.84$）、「強姦と男性の生理的欲求」は$M = 4.52$（$SD = 1.68$）であった。

　次にシナリオに対する質問項目について検討した。本研究は尺度の開発を目的とするものではないので、項目の選択については、それぞれ単一の構成概念を測定しているかどうかを重視した。

　"被害者の統制可能性"について、4つの質問項目の相関を調べたところ、項目3だけが$r = .16 \sim .23$と低かったため除外した。項目1と2では$r = .64$、項目1と4では$r = .43$、項目2と4では$r = .65$であり、1％水準で有意であった。Cronbachの信頼性係数は$\alpha = .80$で十分に内的整合性が高いと認められた。3項目の合計値は$M = 14.20$（$SD = 3.74$）であり、項目数で割った項目平均値は$M = 4.73$（$SD = 1.25$）であった。以後の分析では項目平均値を被害者の統制可能性得点として用いた。

第4章 レイプ支持態度とレイプ状況が判断に及ぼす影響（研究2） 63

Table 4-3-1 基本統計量

項目	全体 (n=265)			範囲		男性 (n=75)		女性 (n=190)		t値	df=263
	M	SD	α			M	SD	M	SD		
年齢	20.60	2.04		18	35	20.95	2.07	20.46	2.01	1.75	n.s.
レイプ支持態度尺度											
強姦にまつわる女性像と男性の正当化因子	30.60	3.47	.70	19	35	29.28	4.11	31.12	3.04	-3.99	***
強姦に至る状況と女性の責任因子	12.58	3.24	.64	4	20	12.01	3.46	12.80	3.13	-1.79	n.s.
女性の性的嗜好因子	15.78	2.84	.70	9	20	15.65	2.80	15.83	2.87	-.46	n.s.
強姦と男性の生理的欲求因子	4.52	1.68	.49	2	9	4.32	1.81	4.59	1.62	-1.20	n.s.
レイプ支持態度合計	63.47	7.78	.77	42	81	61.27	8.46	64.34	7.33	-2.94	***
被害者の統制可能性	14.20	3.74	.80	5	21	14.97	4.04	13.89	3.58	2.14	*
加害者の責任判断（%）	57.80	19.61		0	100	57.56	24.16	57.90	17.56	-.13	n.s.
被害者の責任判断（%）	42.20	19.61		0	100	42.44	24.16	42.10	17.56	.13	n.s.
被害者への同情	7.82	2.86	.84	2	14	7.60	3.16	7.91	2.74	-.79	n.s.
デートレイプの判断											
無理強い	5.43	1.24		1	7	5.43	1.35	5.43	1.20	-.04	n.s.
*許される	5.15	1.36		1	7	4.71	1.47	5.33	1.28	-3.40	***
*望んでいた	4.80	1.37		1	7	4.72	1.44	4.84	1.35	-.62	n.s.
*同意していた	4.75	1.54		1	7	4.47	1.80	4.87	1.41	-1.92	n.s.
レイプ判断	3.44	1.42		1	7	3.39	1.45	3.46	1.41	-.39	n.s.
強姦の判断	3.15	1.46		1	7	3.12	1.60	3.16	1.41	-.22	n.s.
デートレイプの判断合計	26.77	6.23	.84	6	42	25.83	7.21	27.14	5.77	-1.55	n.s.
被害者への精神的影響	14.79	3.59	.87	5	21	15.12	3.46	14.66	3.65	.94	n.s.

*逆転項目

$*p<.05$, $***p<.001$

"加害者と被害者の責任の判断"について、回答範囲はヒロシ（加害者）に対して0％～100％、ユカ（被害者）に対しても0％～100％であった。それぞれの平均は、ヒロシ（加害者）の責任$M=57.80$％（$SD=19.61$）、ユカ（被害者）の責任$M=42.20$％（$SD=19.61$）であった。これ以降の分析では、ユカの責任判断得点を用いた。

　"被害者への同情"については、2つの項目の相関を調べたところ、Pearsonの積率相関係数$r=.73$であり、1％水準で有意であった。Cronbachの信頼性係数は$\alpha=.84$であり、十分に内的整合性があると認められた。2項目の合計値は$M=7.82$（$SD=2.86$）であり、項目数で割った項目平均値は$M=3.91$（$SD=1.43$）であった。以後の分析では項目平均値を被害者への同情得点とした。

　"デートレイプの判断"は、6つの項目間の相関は$r=.27$~$.81$であり、いずれも1％水準で有意であった。Cronbachの信頼性係数は$\alpha=.84$であり、十分に内的整合性があると認められた。逆転項目は数値を反転させた。6項目の合計値は26.77点（$SD=6.23$）であり、項目数で割った項目平均得点は4.46点（$SD=1.04$）であった。以後の分析では項目平均値をデートレイプの判断得点として用いた。

　"出来事による被害者への精神的影響"の各項目間の相関は$r=.62$~$.76$であり1％水準で有意であった。信頼性係数は$\alpha=.87$であり、内的整合性が認められたた。3項目の合計値は14.79点（$SD=3.59$）であり、項目平均値は$M=4.93$（$SD=1.20$）であった。以後の分析では、項目平均値を出来事による被害者への精神的影響得点とした。

各尺度の男女差と背景要因による差の検定

　各尺度の男女差の検定の結果をTable 4-3-1に示した。各尺度の男女差についてt検定を用いて検討したところ、レイプ支持態度尺度合計値（$t(263)=-2.94$、$p<.001$）と強姦にまつわる女性像と男性の正当化因子（$t(263)=$

-3.99、$p < .001$）において有意に女性の得点が高かったことから、男性よりも女性のほうが被害者に対する好意的な態度をもっていることが示された。また被害者の統制可能性について、女性よりも男性のほうが、有意に得点が高く、被害者が出来事に対してもっていた統制可能性を高く評価したことが示された（$t (263) = 2.14$、$p < .05$）。またレイプの判断において、このような行為が許されるかの判断についても女性のほうが有意に得点が高く、男性よりも許されないと回答する傾向が見られた（$t (263) = -3.40$、$p < .001$）。

　また回答者の背景要因について、レイプに関する教育経験の有無と親しい人のレイプ被害経験の有無についても t 検定を行い比較した（Table 4-3-2）。レイプに関する教育経験あり群（$n = 35$）のほうが、教育経験なし群（$n = 230$）よりも有意に被害者の統制可能性が高かったと判断していた（$t (263) = 2.75$、$p < .01$）。教育経験あり群はなし群よりも強姦の判断が有意に高かった（$t (263) = 2.47$、$p < .05$）。他の変数での有意差はなく、教育経験がある者はより女性が出来事をコントロール可能だと評価したが、一方で出来事が強姦にあたると考える傾向が強いことが明らかになった。

　次に親しい人のレイプ被害経験の有無については、被害経験あり群（$n = 46$）よりも被害経験なし群（$n = 216$）のほうが、レイプ支持態度合計点が有意に高く（$t (260) = -2.08$、$p < .05$）、被害者の責任得点が低く（$t (260) = 2.38$、$p < .05$）、被害者への同情得点が高く（$t (260) = -3.00$、$p < .01$）、被害者が出来事を望んでいなかったと回答していた（$t (260) = -2.09$、$p < .05$）。したがって身近にレイプ被害の経験者がいない者のほうが、被害者に好意的な態度をもっており、女性に責任がないと考え、同情し、被害者が出来事を望んでいなかったと考える傾向にあることが示された。

尺度間の相関

　各尺度間の相関をPearsonの相関係数によって求めた（Table 4-3-3）。レイプ支持態度合計と被害者の責任判断（$r = -.30$、$p < .001$）、被害者への同情

Table 4-3-2 背景要因による各尺度の t 検定

	レイプに関する教育経験 あり (n=35) M	SD	なし (n=230) M	SD	t値	df=263	親しい人のレイプ被害経験 あり (n=46) M	SD	なし (n=216) M	SD	t値	df=260
レイプ支持態度尺度												
強姦にまつわる女性像と男性の正当化因子	29.86	3.55	30.71	3.45	-1.36	n.s.	30.15	4.18	30.69	3.31	-.95	n.s.
強姦に至る状況と女性の責任因子	12.09	3.74	12.65	3.16	-.96	n.s.	11.72	3.33	12.74	3.22	-1.95	n.s.
女性の性的嗜好因子	15.40	3.18	15.84	2.79	-.85	n.s.	15.15	3.26	15.88	2.74	-1.59	n.s.
強姦と男性の生理的欲求因子	4.29	1.45	4.55	1.71	-.87	n.s.	4.24	1.89	4.57	1.64	-1.21	n.s.
レイプ支持態度合計	61.63	7.53	63.75	7.79	-1.51	n.s.	61.26	8.84	63.88	7.51	-2.08	*
被害者の統制可能性	15.80	3.79	13.95	3.68	2.75	**	14.39	4.44	14.13	3.59	.44	n.s.
加害者の責任判断 (%)	58.85	24.61	57.65	18.82	.33	n.s.	51.39	17.82	58.89	19.67	-2.38	*
被害者の責任判断 (%)	41.15	24.61	42.35	18.82	-.33	n.s.	48.61	17.82	41.11	19.67	2.38	*
被害者への同情	7.57	3.11	7.86	2.83	-.56	n.s.	6.65	3.32	8.02	2.69	-3.00	**
デートレイプの判断												
無理強い	5.49	1.56	5.42	1.19	.27	n.s.	5.31	1.43	5.44	1.21	-.65	n.s.
*許される	4.89	1.49	5.19	1.34	-1.24	n.s.	4.80	1.53	5.22	1.32	-1.87	n.s.
*望んでいた	4.94	1.55	4.78	1.34	.64	n.s.	4.41	1.59	4.88	1.31	-2.09	*
*同意していた	4.97	1.79	4.72	1.50	.89	n.s.	4.39	1.74	4.82	1.49	-1.72	n.s.
レイプ判断	3.71	1.67	3.40	1.38	1.22	n.s.	3.17	1.52	3.49	1.40	-1.37	n.s.
強姦の判断	3.71	1.67	3.07	1.41	2.47	*	2.98	1.50	3.19	1.46	-.87	n.s.
デートレイプの判断合計	27.71	8.11	26.62	5.89	.97	n.s.	25.22	7.12	27.03	5.99	-1.78	n.s.
被害者への精神的影響	15.40	3.27	14.70	3.64	1.08	n.s.	14.39	3.84	14.81	3.52	-.72	n.s.

*逆転項目　　　　　　　　　　　　　　　　　　　　　　　　　　　　　　　　　　$*p < .05,\ **p < .01$

Table 4-3-3　レイプ支持態度と各尺度間の相関（全体）

	1	2	3	4	5	6	7	8	9	10
1　レイプ支持態度合計	—	.78***	.74***	.76***	.30***	-.09	-.30***	.33***	.43***	.35***
2　強姦にまつわる女性像と男性の正当化因子		—	.36***	.49***	.02	-.08	-.26***	.22***	.37***	.26***
3　強姦に至る状況と女性の責任因子			—	.38***	.11	-.15*	-.26***	.33***	.33***	.30***
4　女性の性的嗜好因子				—	.08	-.01	-.17**	.26**	.34***	.33***
5　強姦と男性の生理的欲求因子					—	.06	-.06	.00	.03	-.06
6　被害者の統制可能性						—	.10	-.18*	-.23***	-.25***
7　被害者の責任判断							—	-.61***	-.65***	-.42***
8　被害者への同情								—	.69***	.64***
9　デートレイプの判断									—	.63***
10　被害者への精神的影響										—

注　有意水準 *$p<.05$, **$p<.01$, ***$p<.001$

（$r = .33$、$p < .001$）、デートレイプの判断（$r = .43$、$p < .001$）、被害者への影響（$r = .35$、$p < .001$）の間で有意な相関がみられたが、被害者の統制可能性との相関は有意ではなかった（$r = -.09$、$n.s.$）。また、デートレイプの判断と被害者の統制可能性（$r = -.23$、$p < .001$）、被害者の責任判断（$r = -.65$、$p < .001$）、被害者への同情（$r = .69$、$p < .001$）、被害者への影響（$r = .63$、$p < .001$）の間に有意な相関がみられた。

　男女別に相関係数を算出したものをTable 4-3-4に示した。男女間で相関係数.20以上の差がみられたのはレイプ支持態度合計と被害者の統制可能性のみであった（男性：$r = -.22$、$n.s.$、女性：$r = -.01$、$n.s.$）。

レイプ支持態度とデートレイプ状況によるデートレイプの判断の男女別分散分析

　被害者の統制可能性、被害者の責任判断、被害者への同情、デートレイプの判断、被害者への精神的影響について、男女別にレイプ支持態度得点の上位50％をRSAS High、下位50％をRSAS Lowとし、RSAS High/Low(2)×デートレイプ状況(6)による2要因分散分析を行った。男性の結果をTable 4-3-5、女性の結果をTable 4-3-6に示した。

1）被害者の統制可能性

　被害者の統制可能性は、男性回答者、女性回答者ともに、2要因の交互作用および主効果は有意ではなかった。したがって出来事に対する被害者側の統制可能性の判断には、RSAS High/Low、およびデートレイプ状況による差は認められなかった。

2）被害者の責任判断

　被害者の責任判断は、男性回答者では2要因の交互作用およびデートレイプ状況の主効果は有意でなかったが、RSAS High/Lowの主効果のみが有意

Table 4-3-4 レイプ支持態度と各尺度間の相関（男女別）

	1	2	3	4	5	6	7	8	9	10
1 レイプ支持態度合計	—	.77***	.72***	.78***	.33**	-.22	-.33**	.34**	.44***	.37***
2 強姦にまつわる女性像と男性の正当化因子	.77***	—	.29*	.53***	-.03	-.17	-.33**	.29**	.42***	.25*
3 強姦に至る状況と女性の責任因子	.75***	.38***	—	.39***	.21	-.20	-.19	.25*	.24	.31**
4 女性の性的嗜好因子	.77***	.48***	.38***	—	.14	-.08	-.29*	.34**	.44***	.43***
5 強姦と男性の生理的欲求因子	.28***	.02	.06	.06	—	-.13	.03	-.06	-.04	-.09
6 被害者の統制可能性	.01	.02	-.10	.02	.17*	—	.06	-.13	-.19	-.16
7 被害者の責任判断	-.29***	-.22**	-.31***	-.11	-.12	.13	—	-.69***	-.75***	-.49***
8 被害者への同情	.32***	.18*	.37***	.22**	.03	-.20**	-.57***	—	.75***	.60***
9 デートレイプの判断	.42***	.32***	.36***	.30***	.05	-.24**	-.59***	.65***	—	.62***
10 被害者への精神的影響	.36***	.31***	.31***	.30***	-.04	-.30**	-.39***	.67***	.65***	—

注1　有意水準　*p<.05, **p<.01, ***p<.001
注2　右上が男性（N=75），左下が女性（N=190）

Table 4-3-5 男性回答者におけるレイプ支持態度とデートレイプ状況によるデートレイプの判断の分散分析

	うなずく条件		脅し条件		ことば条件		服従条件		不安条件		罪悪感条件		F			
	RSAS		RSAS		RSAS		RSAS		RSAS		RSAS					
	Low (n=8)	High (n=6)	Low (n=7)	High (n=5)	Low (n=9)	High (n=7)	Low (n=4)	High (n=4)	Low (n=5)	High (n=5)	Low (n=9)	High (n=6)	RSAS	条件	RSAS×条件	
被害者の統制可能性	4.25	4.56	4.95	4.87	5.30	4.95	6.33	4.58	5.13	4.53	5.30	5.33	1.54	.92	.67	
	(1.11)	(1.61)	(1.25)	(0.69)	(1.89)	(1.04)	(0.61)	(1.32)	(2.09)	(1.76)	(1.21)	(0.56)				
被害者の責任判断(%)	43.75	36.67	39.29	44.00	62.22	35.43	37.50	47.50	38.00	24.00	57.78	23.33	4.26*	.77	1.73	RSAS High<Low
	(28.63)	(12.11)	(21.88)	(13.42)	(25.39)	(32.45)	(15.00)	(33.04)	(23.87)	(12.94)	(21.08)	(12.11)				
被害者への同情	3.81	3.92	4.29	4.50	2.72	4.50	3.75	2.38	3.30	5.00	2.78	5.25	5.69*	1.04	2.68*	RSAS High: 服従<罪悪感 ことば: RSAS Low<High 罪悪感: RSAS Low<High
	(1.58)	(1.07)	(1.41)	(0.71)	(1.42)	(1.50)	(1.55)	(1.25)	(2.39)	(1.77)	(1.06)	(1.04)				
デートレイプの判断	4.33	4.61	4.79	4.87	3.09	4.69	4.17	3.67	4.57	5.57	3.35	4.97	7.45**	2.46*	2.01	ことば: RSAS Low<High
	(1.15)	(1.18)	(1.08)	(0.52)	(1.32)	(1.29)	(0.82)	(0.89)	(1.57)	(0.74)	(0.46)	(0.53)				
被害者への精神的影響	5.00	4.94	5.33	5.27	4.00	5.05	4.75	5.83	5.07	6.07	4.63	5.61	6.39*	1.38	.81	RSAS Low<High
	(0.99)	(1.32)	(1.33)	(0.64)	(0.94)	(1.82)	(0.96)	(0.33)	(0.72)	(1.23)	(0.89)	(0.83)				

括弧内は標準偏差. *p<.05, **p<.01

Table 4-3-6　女性回答者におけるレイプ支持態度とデートレイプ状況によるデートレイプの判断の分散分析

| | かす条件 | | 脅し条件 | | ことば条件 | | 服従条件 | | 不安条件 | | 罪悪感条件 | | F | | | |
	Low RSAS (n=16)	High RSAS (n=15)	Low RSAS (n=15)	High RSAS (n=11)	Low RSAS (n=14)	High RSAS (n=13)	Low RSAS (n=24)	High RSAS (n=20)	Low RSAS (n=17)	High RSAS (n=17)	Low RSAS (n=14)	High RSAS (n=14)	RSAS	条件	RSAS×条件	
被害者の統制可能性	4.67 (1.37)	4.18 (0.79)	4.04 (1.56)	4.30 (1.45)	4.64 (0.97)	4.46 (1.30)	4.74 (0.93)	4.55 (1.17)	4.90 (1.19)	5.14 (1.33)	4.62 (1.08)	5.10 (1.04)	.01	1.90	.70	
被害者の責任判断(%)	44.38 (20.40)	38.33 (15.55)	40.73 (12.85)	24.64 (21.62)	50.93 (17.14)	47.69 (9.27)	43.96 (14.06)	45.80 (13.71)	49.12 (17.96)	38.13 (16.52)	47.14 (17.62)	27.21 (19.58)	13.87***	3.52**	2.02	RSAS Low<High 脅し<ことば
被害者への同情	3.88 (1.27)	4.23 (1.10)	3.37 (1.67)	4.41 (1.38)	3.29 (1.31)	3.58 (1.24)	3.73 (1.22)	4.55 (1.13)	3.71 (1.26)	4.82 (1.46)	3.36 (1.55)	4.43 (1.17)	16.25***	1.46	.58	RSAS Low<High
デートレイプの判断	4.27 (1.05)	5.18 (0.55)	4.50 (1.04)	5.26 (0.96)	4.06 (0.79)	4.33 (0.81)	4.42 (0.72)	5.00 (0.71)	3.98 (1.17)	4.64 (1.00)	4.00 (0.70)	4.69 (1.13)	23.32***	2.80*	.40	RSAS Low<High
被害者への精神的影響	4.98 (1.31)	5.53 (0.98)	4.58 (1.49)	5.30 (1.14)	4.52 (1.05)	4.44 (1.32)	4.54 (1.04)	5.53 (1.31)	4.61 (0.97)	5.49 (1.01)	4.12 (1.34)	4.90 (0.72)	14.08***	2.17	.84	RSAS Low<High

括弧内は標準偏差. $*p<.05$, $**p<.01$, $***p<.001$

であり（$F_{(1、63)}=4.26$、$p<.05$）、RSAS High＜Lowであった。

女性回答者では 2 要因の交互作用は有意でなかったが、デートレイプ状況の主効果（$F_{(5、177)}=3.52$、$p<.01$）とRSAS High/Lowの主効果（$F_{(1、177)}=13.87$、$p<.001$）が有意であった。多重比較の結果、デートレイプ状況では、脅し＜ことばであった。RSASでは、RSAS Low＜Highであった（$p<.05$）。

したがって、男女ともにレイプ支持態度が強い者のほうが被害者に責任があると判断する傾向にあることが示された。さらに女性回答者は、脅しによる強制よりもことばによる強制のほうが、被害者に責任があると判断することが示された。

3）被害者への同情

被害者への同情では、男性回答者では 2 要因の交互作用が有意であった（$F_{(5、63)}=2.68$、$p<.05$）。シナリオ条件ごとに、RSASの単純主効果検定を行った結果、ことば条件（$F_{(1、14)}=5.90$、$p<.05$）と罪悪感条件（$F_{(1、13)}=19.82$、$p<.001$）において有意であった。ことば条件では、RSAS Low（$M=2.72$、$SD=1.42$）＜RSAS High（$M=4.50$、$SD=1.50$）であった（$p<.05$）。罪悪感条件でも、RSAS Low（$M=2.78$、$SD=1.06$）＜RSAS High（$M=5.25$、$SD=1.04$）であった（$p<.05$）。また、レイプ支持態度の高低ごとに、シナリオ条件の単純主効果検定を行ったところ、RSAS Highにおいて有意であった（$F_{(5、27)}=2.96$、$p<.05$）。服従条件（$M=2.38$、$SD=1.25$）＜罪悪感条件（$M=5.25$、$SD=1.04$）であった（$p<.05$）。

一方、女性回答者では、 2 要因の交互作用とデートレイプ状況の主効果は有意でなく、RSAS High/Lowの主効果（$F_{(1、177)}=16.25$、$p<.001$）のみが有意であった。RSAS Low＜Highであった（$p<.05$）。

したがって、男性ではことばによる強制のレイプ状況、性行為を断ることへの罪悪感から同意したレイプ状況では、レイプ支持態度が強い者よりも弱

い者のほうが被害者に同情を示していたことが明らかになった。またレイプ支持態度が弱い者のなかでも、相手が怒るのが嫌なので性行為に応じた状況よりも断ることへの罪悪感から同意した状況のほうに同情が示されていた。女性ではレイプ支持態度の強い者は弱い者よりも被害者に同情を示していたことが明らかになった。

4）デートレイプの判断

デートレイプの判断では、男性回答者では2要因の交互作用が有意でなかったが、デートレイプ状況の主効果（F（5、63）＝2.46、p＜.05）とRSAS High/Lowの主効果（F（1、63）＝7.45、p＜.01）が有意であった。多重比較の結果、デートレイプ状況では、ことば＜不安であった。RSASでは、RSAS Low＜Highであった（p＜.05）。

女性回答者においても2要因の交互作用は有意でなかったが、デートレイプ状況の主効果（F（5、177）＝2.80、p＜.05）とRSAS High/Lowの主効果（F（1、177）＝23.32、p＜.001）が有意であった。多重比較の結果、デートレイプ状況では有意差は認められなかった。RSASでは、RSAS Low＜Highであった（p＜.05）。

したがって、男女ともにレイプ支持態度が強い者のほうが、デートレイプと判断しない傾向にあることが示された。また男性は、被害者が相手に嫌われることへの不安から性行為に同意した状況について、ことばによる強制よりもレイプであると判断することが明らかになった。

5）被害者への精神的影響

次に被害者への精神的影響については、男性回答者では2要因の交互作用およびデートレイプ状況の主効果は有意でなかったが、RSAS High/Lowの主効果のみが有意であり（F（1、63）＝6.39、p＜.05）、RSAS Low＜Highであった。

女性回答者においても2要因の交互作用およびデートレイプ状況の主効果は有意でなかったが、RSAS High/Lowの主効果のみが有意であり（$F_{(1、177)}=14.08$、$p<.001$）、RSAS Low＜Highであった。

したがって、男女ともにレイプ支持態度の強い者は弱い者よりもデートレイプの被害者の精神的影響を深刻なものではないととらえる傾向があることが示された。

4．考　　察

性別と背景要因について

男性よりも女性のほうがレイプ支持態度を強く持っていることが明らかとなった。これは先行研究を支持する結果である（Bell et al., 1992; Jenkins & Dambrot, 1987; Lonsway & Fitzgerald, 1994; Lottes, 1991; Jimenez & Abreu, 2003; Shechory & Idisis, 2006; 岩崎, 2003）。Lottes（1991）では、被害者に対して冷淡な態度を持つ者は、よりステレオタイプ的で、伝統的性役割を支持し、男性支配を容認していることが示された。被害者に対して冷淡で非好意的な態度を男性の方が保持している理由として、湯川・泊（1999）は、性経験があることや一般的性欲が高いことが性的メディアとの接触を促し、友人・先輩との情報交換を介して、性犯罪を合理化する「神話」の形成へとつながり、その結果として女性に対する性暴力の可能性へと結びつくというモデルを示している。性的メディアへの接触や友人先輩との性に関する情報交換が質的にも量的にも男性のレイプ神話の形成を促していることが示唆されている。本研究では、特に「強姦(注)にまつわる女性像と男性の正当化因子」において男性の得点が低く、強姦にあう女性の特徴によって男性の加害を正当化する態度を男性のほうが保持していることが示された。レイプ支持態度は男性から女性へのレイプについての言説であり、男性が自らの性別を擁護し、正当化しようとする傾向にあると考えられる。

また女性よりも男性のほうが、被害者が出来事に対してより統制可能であったと評価し、加害行為が許されると判断しており、レイプ支持態度と同様の傾向がみられる。Struckman-Johnson & Struckman-Johnson（1991）は、相手が性行為を望まないときに言葉でプレッシャーをかける、身体に触るなどして性的に刺激する、ふざけているふりをして力づくでする、酒に酔わせる、身体的暴力などの強要戦術を用いることを女性よりも男性のほうが容認していることを示しており、本研究の結果はこれを支持するものである。石川（2003）は、人々の暴力の認識度は、親密な関係の中で「あってはならない」、「許されない」行為とみているかどうかで判断されるべきであり、「許されない」行為と認識していなければ、人はその行為を行うことに躊躇しないであろうと述べている。男性のほうが女性よりも加害行為が許されると判断しているということは、その行為が暴力ではないと認識し、その行為を行う可能性を示していると考えられる。

　しかし、デートレイプの判断では男女差は示されなかったため、男性は女性よりもデートレイプと判断しないという先行研究の結果（Jenkins & Dambrot, 1987; McLendon et al., 1994; Gray, 2006）を支持しなかった。Temkin & Krahé（2008）は、法学部の男子学生は女子学生よりも加害者を責めず、被害者を責めるが、レイプであるかの確信度には男女差がなかったことを示している。法学部であるとレイプに該当するかどうかの判断が法的枠組みによってなされた可能性があり、本研究の回答者との属性の違いはあるが、回答者の心の中にある「レイプ」の定義は男女でそれほど違っていないことが推察される。

　また回答者の背景要因として、レイプに関する教育経験について回答を求めたところ、教育経験があるのは全体の13.2％で、多くは高校の授業の一環で受講していた。教育経験がある人は、被害者が出来事をコントロール可能だと評価し、一方で出来事が強姦（注）にあたると考える傾向が強かったため、"被害者の統制失敗の結果としての強姦"と認識していると考えられる。強

姦であると認識しやすいという点においては教育効果があるように思われる。

　また同じく回答者の背景要因として、親しい人のレイプ被害経験の有無について回答を求めたところ、46名（17.4％）が親しい人でレイプ被害に遭った人を知っていると回答した。親しい人のレイプ被害経験の有無による各尺度の平均値の検定の結果から、親しい人の被害経験がある者は、レイプ支持態度を保持し、被害者の責任が大きいと判断し、被害者に同情せず、被害者は性行為を望んでいたと判断する傾向にあった。親しい人がレイプ被害にあい、レイプ被害を身近に体験していることにより、本研究で検討しているデートレイプ被害者に対する判断が厳しいものになっていることが考えられる。レイプ支持態度は見知らぬ男性から夜道で襲われるといった「典型的なレイプ」以外をレイプとは認めないとする態度を含んでおり、レイプ被害者を限定的にとらえる傾向にある。そのため、本研究で検討したデートレイプの被害者に対して同情を示さなかった可能性がある。

　また基本統計量から、デートレイプであると確信をもって判断することの難しさが示されたと言える。デートレイプの判断の各変数の平均値は、おおむね3～5点の範囲であり、「どちらかといえばそう思わない」から「どちらともいえない」、「どちらかといえばそう思う」の間に位置することが多かった。先行研究では、デートレイプは見知らぬ人からのレイプよりも、レイプであると判断されず（Ward, 1995）、被害者に責任が帰属され（Bell et al., 1994; Bourque, 1989; Bridges & McGrail, 1989）、加害者への処罰意識が軽くなることが示されている（McDnald & Kline, 2004）。本研究の結果もデートレイプが「典型的なレイプ」とは違って判断が難しく、潜在化しやすいということを示しているだろう。また、別の先行研究では、女性が望まない性交渉のまえに自主的に身体への性的接触に応じていたとき、その行為は犯罪とはみなされないことが示されている（Fenstermaker, 1989）。本研究で用いたシナリオの中で女性のほうから性的接触をもっていることによって、そのあとに性

行為の意思がないことを表明してもデートレイプであると判断されにくくなったと考えられる。

レイプ支持態度とデートレイプ状況がデートレイプの判断に及ぼす影響

　デートレイプの判断において、男女ともにレイプ支持態度の主効果が認められた。被害者に対して非好意的な態度の者は、デートレイプと判断しない傾向にあることが示された。顔見知りレイプについて、レイプ支持態度をもつ者はレイプと判断しない傾向が示されている岩崎（2003）を支持する結果である。

　また男性回答者では、ことばによる説得状況に対してよりも、被害者が相手から嫌われることへの不安から望まない性行為に応じた状況に対して、レイプであると判断していた。加害者の強要戦術が同じであっても、被害者が相手から嫌われたくないという動機から望まない性行為に応じている状況は性行為に対する主体的な同意ではなく、実際に長期にわたるディストレスや自責・後悔などの否定的な感情を体験する可能性が高い（Livingston et al., 2004）。相手から嫌われることを恐れて、自分の気持ちを主張できない、相手の要求を拒めないといった状態は、「非主張的なコミュニケーション」（平木, 2000）であり、再被害の危険性も高くなると考えられる。強要戦術が同じであっても被害者の心情を呈示することによって判断が変わるのは、被害者の考えや感情の理解が促進されるからであると考えられる。

　さらにデートレイプ判断以外の従属変数についても、被害者に対して非好意的な態度の者は、被害者の責任を大きいと判断し、出来事による被害者の精神的影響は小さいと判断していたことも明らかになった。この結果は、北風ら（2009b）におけるレイプ支持態度の強い者は、被害者の責任を大きく判断し、加害者の責任を小さく判断し、被害者の心的外傷をより深刻でないと見積もるという知見を支持するものである。Frese et al.（2004）においてもレイプの責任帰属と被害者の心的外傷の推定において、性別よりもレイプ

支持態度による効果が大きかったことが示されており、本研究と同様の結果であると考えられる。

　また被害者への同情については、男性のみレイプ支持態度とデートレイプ状況による交互作用がみられた。ことばによる説得や被害者が断ることへの罪悪感から性行為に応じたとき、被害者に好意的な男性は被害者への同情を強く示す一方、被害者に非好意的な男性は同情を示さなかった。女性ではこのような差は認められなかったことから、男性において、特にことばによる性的強要場面に対して、レイプ支持態度が被害者への同情に影響することが示された。罪悪感状況において、レイプ支持態度による差が大きくなったことの理由として、レイプ支持態度の保持者は、罪悪感が生じた原因を被害者の資質に求め、加害者からの圧力や加害者との相互作用によって生じた感情とはみなさないため、同情を示しにくくなるのではないかと考えられる。Livingston et al.（2004）は、男性の性行為の誘いを断ることへの罪悪感は、相手が強要しているにもかかわらず、相手の気持ちにこたえなくてはならないという内的な圧力を感じていることだと述べている。さらに被害者に対して好意的な態度をもつ男性の中では、相手が不機嫌になることを避ける為に性行為に応じることは、罪悪感から性行為に応じることよりも同情しないと判断していた。レイプ被害者に対して好意的な男性は、男性が不機嫌になる恐れがあったと理解し、被害者に同情的になると予測されたのだが、逆の結果となった。そのため解釈が難しいが、レイプ支持態度は性役割態度やフェミニズムに対する態度と関連しており、より女性に対してリベラルな価値観をもつ男性回答者にとっては、男性の要求に従わざるを得なかった被害者に対して、性的自己決定権を行使できなかったことへの憤りを感じた可能性がある。女性がいつでも性的自己決定権を行使できるわけではないという理解には至っていなかったと考えられる。

本研究の限界と今後の展望

本研究から、レイプ支持態度がデートレイプの判断に重要な要因であることが改めて明らかになった。さらに被害者の心情がデートレイプの判断に影響を及ぼす要因であることも示された。

本研究の限界として、背景要因についての検討が十分に行えなかったという点がある。本研究では親しい関係のなかに被害者がいると回答した人のほうが、レイプ支持態度が強く、被害者の責任を大きく判断する傾向にあることが示された。本研究では詳しく扱うことができなかったため、今後の検証が必要である。身近な人のレイプ被害経験は、周囲にも無力感や絶望感をもたらす可能性がある。レイプ被害はPTSDを中心とした精神症状とともに「安全感の喪失、人間や世界への信頼感の喪失」（宮地, 2008）なども関わり、親密な人との人間関係に深刻な影響をおよぼすことが指摘されている。小林（2008）は自らの被害経験によって、家族や恋人、友人などの親しい人たちもまた傷つき、怒り、悲しんでいたと語っている。周囲の人が被害者に深く関わることは、自らも激しい感情をかきたてられる経験であり、こころの安定を保つことはたやすいことではない（宮地, 2007）。岩崎（2003）の実態調査では、277名の男女大学生のうち約3割が他者からの被害の開示を受けており、そのうちの約7割が被害者を支える為に自分自身にもサポートが必要だと回答していた。被害者の周囲の人が抱えやすい困難についての研究や心理教育的なサポートについても重要な課題であるといえよう。

また、この回答者本人が被害経験者であった可能性も否定できない。被害経験者が仮想の被害者に対してより否定的な態度をとることは、Anderson et al.（1997）のレイプ支持態度研究のメタ分析によっても弱い相関が示されている。一方で回答者自身に被害経験がある場合、レイプの被害者に対してより共感的に反応するという研究もある（Barnett et al., 1986）。レイプ被害の体験は一様ではなく、自らの被害経験および親しい人のレイプ被害は、デートレイプの判断とも密接にかかわっていることが推察される。被害者との関

係性や被害者に対する回答者の立場というものがデートレイプの判断に影響
を及ぼす要因であることが推測される。

【付記】本章は、北風菜穂子（2011）レイプ支持態度がデートレイプの判断に及ぼす
　　　影響　—強要戦術、被害者の心情との関連　明治学院大学大学院心理学研究
　　　科心理学専攻紀要（16），13-29として掲載されたものを一部加筆・修正した。

（注）：2017年に刑法改正によって、強姦罪は強制性交等罪と名称が変更され、一部の
　　　構成要件と法定刑の見直しが行われたが、ここでは本研究が行われた2010年当
　　　時の名称で掲載した。なお、因子名は片岡・堀内（2001）による。

第5章 レイプ支持態度と判断者の立場が判断に 及ぼす影響（研究3）

1．問題と目的

　前章（研究2）では男女ともにレイプ支持態度とレイプ状況がデートレイプの判断に影響を及ぼす要因であることが示された。それに加えて、背景要因の検討により、親しい人のレイプ被害経験をもつ判断者は、そうでない者よりも、被害者に対する非好意的態度をもち、被害者に責任を帰属し、同情せず、被害者は性行為を望んでいたと判断する傾向がみられた。

　レイプは被害者だけでなく、被害者の家族、恋人、友人などの重要な他者にも影響を及ぼす。Smith（2005）は、性暴力被害に遭った女性の恋人または夫に対するインタビューを行い、彼らもまた抑うつ、罪悪感、自責感、信頼感の喪失、他者からの隔離、睡眠障害、PTSDなどの心理的な困難を抱えること、パートナーとの関係が継続できなくなったり、男性一般に対する見方が変化したりするなど、長期的な影響があることを示した。

　一方で重要な他者の行動は被害者のその後の回復に影響を及ぼすことが知られている。Davis, Brickman, & Baker（1991）の報告によれば、被害後に重要な他者からの情緒的離脱、被害者非難などの非支持的な行為に曝された被害者ほど、心理的不適応状態にあったという。またレイプ被害を周囲に打ち明けた際、責められるなどの否定的な社会的反応を体験することは回復に有害であり、逆に被害者を信じるなどの肯定的な社会的反応は回復に役立つとされている（Ullman, 1996; Ahrens, 2006）。

　被害者への同情や共感は、デートレイプの判断に影響を与える要因であると考えられている。被害者への共感が高い人は、被害者の味方になり、心理

的影響を深刻なものであると認識する（Deitz & Byrnes, 1981）。Katz et al.
（2007）は、デートレイプでの被害者の精神的苦痛を知覚し、それに対する
同情を示すことには、強要戦術と性別による影響があることを明らかにして
おり、身体的攻撃によるレイプの場合には男性のほうが被害者に同情を示す
が、言葉による強要の場面では、女性のほうが被害者への同情を示したこと
を明らかにしている。また、レイプシナリオの被害者、加害者のどちらと自
分が似ていると知覚しているかは、被害者への責任帰属に影響する（Bell et
al., 1994）。友人などの親しい相手に対しては、自分とのある種の感情的な結
びつきによって、自分に対するのと同様に肯定的な行動には資質的要因を帰
属し、否定的な行動では状況的な要因への帰属を行うことが明らかになって
いる（Davis, 1994 菊池訳 1999, p. 97-122）。デートレイプの被害者、加害者が
自分と親しい友人であるとすれば、その相手に対して状況的な要因への帰属
を行うことが推測される。また、被害者と親しい関係であれば、被害者の感
情状態に対して同情することが推測される。

　しかし、いじめ場面の傍観者―被害者の立場によって、いじめの認知がか
わるかどうかを検討した竹ノ山・原岡（2003）では、傍観者の立場のほう
が、被害者の立場よりもいじめであることを認知することが明らかになって
いる。被害者は自分がされていることがいじめであると認識することが自尊
心への脅威となるため、いじめであることを否認する傾向にあると考えられ
ている。したがって、被害者に対して共感や同情を感じやすい立場に置かれ
ることが、デートレイプの判断にどのような影響を及ぼすかについて明らか
にすることは重要であると考えられる。

　そこで、本研究の目的は、判断者の立場がデートレイプの判断に及ぼす影
響について明らかにすることである。またレイプ支持態度と男女差について
も検討する。回答者の立場として、レイプシナリオの加害者、被害者の親し
い友人の立場に焦点をあてる。被害者の周囲の重要な人物として、より身近
に想像が可能であると考えたためである。

2．方　法

調査対象　首都圏私立文系A大学、首都圏私立理系B大学、首都圏私立文系C大学の大学生、大学院生590名に質問紙を配布し、研究協力を依頼した。

調査手続　2010年6月から7月にかけて、無記名の自記式質問紙調査を実施した。各大学の講義終了時に研究協力の依頼、および調査質問紙の配布を行い、後日郵送にて回収した。配布に際しては、封筒に調査用紙を入れて対象者にわたし、回収に際しては、同封の返信用切手を貼った封筒に入れて、ポストに投函するように依頼した。また後述する倫理的配慮の項目について、封筒の表面に表記し、口頭でもアナウンスした。

調査内容

(1)レイプ支持態度

レイプ支持態度は【研究2】と同様の尺度を用いた。レイプ被害者に対する非好意的な態度（レイプに対する誤った信念であるレイプ神話を含む）の測定を目的として開発されたLottes（1998）の「Rape Supportive Attitude Scale」を翻訳および反訳して作成された翻訳版Rape Supportive Attitude Scale（片岡・堀内, 2001）（以下、RSAS）を用いて測定された。17項目の総合得点で「レイプ支持態度」得点として評定した。範囲は17～85点で、総合得点が高いほどレイプ被害者に対して支持的で好意的な態度を持っており、総合得点が低いほどレイプ被害者に対して非好意的な態度を強く持っていることを示している。したがって、RSAS High群は被害者に対して好意的な態度、RSAS Low群は被害者に対して非好意的な態度を表す。

(2)デートレイプ状況とレイプ判断についての質問項目

【研究2】と同様のシナリオと質問項目を用いた。シナリオは罪悪感条件の内容を用いた（Table 5-2-1）。【研究2】において罪悪感条件は、被害者に好意的な男性は被害者への同情を強く示すが、被害者に非好意的な男性は同

Table 5-2-1 デートレイプシナリオ

　　ヒロシとユカは同じ大学に通う同級生です。彼らは3カ月ほど、デートを重ねていますが、セックスはしていません。ある夜、共通の友人の家に遊びに行き、話をしたり、笑ったり、楽しく過ごしました。そして、ユカはヒロシともっと話したいと思い、彼女のアパートに誘いました。部屋に着くと、ユカはヒロシにキスをしました。ヒロシはセックスしようと思って彼女の服を脱がせました。すると、ユカは彼を押しのけて「やめて」と言いました。しかし、ヒロシはユカにキスをしたり、触ったりし続けました。彼はユカが本当はセックスを望んでいるのは明らかだと言いました。ヒロシはセックスするようにしつこく言い続けました。ユカは断るのは申し訳ないと思って、抵抗するのをやめ、ヒロシはユカとセックスしました。

情を示さなかった状況である。本研究では、回答者の立場を統制するため、シナリオを読む前に、回答者自身がシナリオの登場人物のどちらかにとって重要な他者であるということを想定して回答するよう教示した。教示は、『ヒロシ（男性）は、あなたの親しい友人であると想像してください』（加害者友人条件）、『ユカ（女性）は、あなたの親しい友人であると想像してください』（被害者友人条件）の2条件であった。質問項目は以下のとおりである。

　被害者の統制可能性　シナリオの登場人物の女性が、出来事を統制可能であったと考えるかについてたずねた。Abrams et al.（2003）、Katz et al.（2007）をもとに本研究の内容にあうように一部修正して4項目を用いた。「ユカが、この出来事の結末を変えることは、どのくらい可能であったと思いますか」、「ユカが、ヒロシの行動をやめさせることは、どのくらい可能であったと思いますか」、「ユカが、この出来事を予防することは、どれくらい可能だったと思いますか」、「ユカが、ヒロシの行動を抑制させることは、どれくらい可能であったと思いますか」に対し、「まったく不可能」から「完全に可能」までの7件法で回答を求めた。

　加害者と被害者の責任の判断　シナリオの登場人物のそれぞれに対し、どのくらい出来事の責任があると考えるかをたずねた。Mason et al.（2004）、Katz et al.（2007）と同様に0％から100％までを評定するもので、ヒロシと

ユカの責任の合計が100％となる。

　被害者への同情　Katz et al.（2007）を参照し、シナリオの登場人物の女性への感情反応として、同情についてたずねた。「ユカのことをどれくらい気の毒だと思いますか」、「ユカが置かれた立場や状況について同情しますか」の２項目を設定した。「まったく思わない」から「非常にそう思う」までの７件法で回答を求めた。

　デートレイプの判断　本研究の定義に即して、シナリオに示された出来事についてレイプであるかの判断をもとめた。「ヒロシはユカに性行為を無理強いしている」、「このようなやり方で性行為することは許される（逆転項目）」、「ユカは性行為を望んでいた（逆転項目）」、「ユカは性行為に同意していた（逆転項目）」、「この出来事はレイプである」、「この出来事は強姦[注]の罪に問われる」の６項目であった。「まったく思わない」から「非常にそう思う」までの７件法で回答を求めた。

　出来事による被害者への精神的影響　Katz et al.（2007）を参考に、出来事がシナリオの登場人物の女性に与える精神的影響についてたずねた。「この出来事の後、ユカは動揺したと思いますか」、「この出来事の後、ユカの心が傷ついたと思いますか」、「この出来事がユカに深刻な精神的影響を及ぼすと思いますか」の３項目であった。「まったく思わない」から「非常にそう思う」までの７件法で回答を求めた。

⑶デモグラフィック変数

　年齢、性別、学年、これまでのレイプに関連する教育経験の有無、親しい人のレイプ被害経験の有無について記入を求めた。

　分析方法　本研究では、判断者の立場（加害者友人条件・被害者友人条件）に加えて、【研究２】の罪悪感条件のデータを統制群として加え、３条件として分析した。

　倫理的配慮　本研究においても【研究２】と同様に、質問紙への回答を通じて、回答者に生じるかもしれない心身の苦痛に十分に配慮し、安全に調査

が実施されるように努めた。調査の計画および実施に関しては、調査手法および対象者に対する倫理的配慮を重視した。

(1)質問紙について

　本研究で使用した質問紙は、明治学院大学大学院心理学研究科博士後期課程の倫理審査を通過したものであった。回答は無記名とし、配布した返信用封筒に封入のうえ郵送にて提出するものとし、研究者以外の目に触れることがないよう配慮した。またデータ分析後は、記入用紙を一定期間、厳重に保管したのち破棄することとした。

(2)インフォームドコンセントについて

　性暴力に対する判断と態度を問う質問紙を大学の授業時間終了後に突然配布されることの影響を考慮し、配布時には質問紙と返信用封筒をひとまわり大きな別の封筒に入れ、配られた時点で質問紙の内容が見えないようにした。外側の封筒、および質問紙の表紙には、調査の趣旨の説明を記し、調査協力に賛同を得られた方のみ、家に持ち帰ってもらった。その後、回答中に気分が悪くなるなどの変化を感じられた場合は、すぐに回答を中止するようにと記載し、回答後は返信用封筒にいれて郵送で提出してもらった。このような手法では、調査に積極的に協力した回答者のみが対象者になるというサンプリングのバイアスが生じるが、回答者の参加拒否の権利を守ることを優先した。

(3)フォローアップについて

　本研究の質問紙に回答することによって回答者の心身が不安定になった場合に速やかな対応を行えるよう準備する必要があった。本研究者は性暴力被害者の心理臨床的支援に関わっているが、カウンセリングなどの心理支援は、一般に長期的で専門的な関わりを要するため、十分な心理支援を提供できるキャパシティがない研究者が対応するよりも適切な機関を紹介するほうがよいと判断した。気分が悪くなるなどの問題が起こった場合には、速やかに学生相談機関に相談するように記載した。

3．結　　果

対象者の属性

　126名から回答を得、そのうち欠損値が一つ以内であった122名（統制群として研究2の43名を含む）を分析の対象とした（最終有効回答率20.7%）。なお、欠損値は平均値に置き換えて分析を行った。男性52名、女性70名であり、年齢範囲は18-27歳、平均年齢は、男性19.52歳（$SD=1.34$）、女性18.91歳（$SD=1.28$）で有意に男性のほうが高かった（$t(120)=2.53$、$p<.05$）。平均年齢は19.17歳（$SD=1.33$）であった。

　学年の分布は1年生が64名、2年生が45名、3年生が9名、4年生が4名であった。回答者のうち、これまでにレイプに関する教育経験のある者は17名（13.9%）、教育経験のない者が105名（86.1%）であった。また身近にレイプ被害に遭った人を知っていると回答したのは15名（12.3%）、いないと回答した者は106名（86.9%）、未回答1名（0.8%）であった。

基本統計量

　基本統計量をTable 5-3-1に示した。対象者全員のレイプ支持態度得点の平均は、63.82点（$SD=8.98$）であった。レイプ支持態度に含まれる17項目の内的整合性を確認するため、Cronbachの信頼性係数を算出したところ、Cronbach's $α=.82$で十分な内的整合性が確認された。また、男性（$M=62.21$、$SD=9.20$）と女性（$M=65.01$、$SD=8.69$）の間で差はみられなかった（$t(120)=-1.72$、$n.s.$）。

　次にシナリオに対する質問項目について検討した。本研究は尺度の開発を目的とするものではないので、項目の選択については、それぞれ単一の構成概念を測定しているかどうかを重視した。

　"被害者の統制可能性"について、4つの質問項目の相関を調べたところ、

Table 5-3-1 基本統計量

	全体 (n=122)		範囲		男性 (n=52)		女性 (n=70)		t値	df=120
	M	SD			M	SD	M	SD		
年齢	19.17	1.33	18	27	19.52	1.34	18.91	1.28	2.53	*
レイプ支持態度尺度										
強姦にまつわる女性像と男性像の正当化因子	30.08	4.01	13	35	29.06	3.99	30.84	3.88	-2.48	*
強姦に至る状況と女性の責任化因子	12.61	3.52	4	20	12.40	3.31	12.76	3.69	-.55	n.s.
女性の性的嗜好因子	16.25	2.81	8	20	16.10	2.75	16.36	2.86	-.51	n.s.
強姦と男性の生理的欲求因子	4.89	1.87	2	10	4.65	1.80	5.06	1.91	-1.18	n.s.
レイプ支持態度合計	63.82	8.98	32	81	62.21	9.20	65.01	8.69	-1.72	n.s.
被害者の統制可能性	14.25	3.27	6	21	14.31	3.67	14.21	2.96	.16	n.s.
加害者の責任判断 (%)	55.88	21.04	0	100	54.79	22.93	56.69	19.66	-.49	n.s.
被害者の責任判断 (%)	44.03	21.09	0	100	44.83	23.18	43.44	19.54	.36	n.s.
被害者への同情	7.64	3.06	2	14	7.85	3.22	7.49	2.95	.64	n.s.
デートレイプの判断										
無理強い	5.27	1.38	1	7	5.37	1.41	5.20	1.37	.65	n.s.
*許される	5.16	1.52	1	7	4.77	1.72	5.46	1.29	-2.52	*
*望んでいた	4.78	1.54	1	7	4.69	1.55	4.84	1.54	-.53	n.s.
*同意していた	4.61	1.71	1	7	4.69	1.66	4.54	1.75	.48	n.s.
レイプ判断	3.43	1.45	1	7	3.48	1.54	3.40	1.39	.30	n.s.
強姦の判断	3.07	1.56	1	7	2.88	1.49	3.20	1.60	-1.11	n.s.
デートレイプの判断合計	26.32	6.87	6	40	25.88	7.24	26.64	6.61	-.60	n.s.
被害者への精神的影響	14.19	3.78	3	21	14.27	3.70	14.13	3.86	.20	n.s.

*逆転項目

$*p<.05$

第5章　レイプ支持態度と判断者の立場が判断に及ぼす影響（研究3）　89

項目3だけが$r = .15 \sim .36$と低かったため除外した。項目1と2では$r = .48$、項目1と4では$r = .22$、項目2と4では$r = .52$であり、1％水準で有意であった。Cronbachの信頼性係数は$\alpha = .68$でやや低いが、内的整合性が高いと認められたので、3項目の合計を"被害者の統制可能性"得点として分析した。合計点は$M = 14.25$（$SD = 3.27$）であった。

"責任の判断"について、平均値はヒロシ（男性）が55.88点（$SD = 21.04$）、ユカ（女性）が44.03点（$SD = 21.09$）であり、範囲は0％～100％であった。以後の分析ではユカ（女性）に対しての責任の判断得点を用いた。

"被害者への同情"については、2つの項目の相関を調べたところ、Pearsonの積率相関係数$r = .78$であり、1％水準で有意であった。Cronbachの信頼性係数は$\alpha = .88$であり、十分に内的整合性があると認められたので、2項目の合計を被害者への同情得点とした。合計点は$M = 7.64$（$SD = 3.06$）であった。

"デートレイプの判断"は、逆転項目の数値を反転させた上で、6つの項目間の相関は$r = .24 \sim .83$であり、いずれも1％水準で有意であった。Cronbachの信頼性係数は$\alpha = .84$であり、十分に内的整合性があると認められたので、6項目の合計をデートレイプの判断得点とした。デートレイプの判断の平均値は26.32点（$SD = 6.87$）であった。

"被害者への精神的影響"の各項目間の相関は$r = .59 \sim .72$であり1％水準で有意であった。信頼性係数は$\alpha = .85$であり、内的整合性が認められたため、3項目の合計を出来事による被害者への精神的影響得点とした。合計点は$M = 14.19$（$SD = 3.78$）であった。

各尺度の男女差と背景要因による差の検定

各尺度に対する男女差の検定の結果をTable 5-3-1に示した。レイプ支持態度尺度では、強姦^(注)にまつわる女性像と男性の正当化因子において男性（$M = 29.06$、$SD = 3.99$）よりも女性（$M = 30.84$、$SD = 3.88$）の得点が高かった

(t (120) ＝-2.48、p＜.05)。男性よりも女性のほうが被害者に対する好意的な
態度をもっていることが示された。またデートレイプの判断において、「こ
のような行為が許されるか（逆転項目）」について、男性（M＝4.77、SD＝
1.72）よりも女性（M＝5.46、SD＝1.29）の得点が高かった（t (120) ＝-2.52、
p＜.05)。女性は男性よりも許されないと回答する傾向がみられた。

　また、回答者の背景要因について、レイプに関する教育経験の有無と親し
い人のレイプ被害経験の有無について検討した（Table 5-3-2)。レイプに関
する教育経験の有無による平均値の差の検定を行ったところ、被害者への責
任判断得点はレイプ教育経験あり群（M＝34.76、SD＝20.32）は、教育経験な
し群（M＝45.53、SD＝20.86）よりも有意に低かった（t (120) ＝-1.98、p＜
.05)。またデートレイプの判断の「セックスの無理強いであるか」につい
て、教育経験あり群（M＝5.94、SD＝1.20）は、教育経験なし群（M＝5.16、
SD＝1.39）よりも得点が高かった（t (120) ＝2.19、p＜.05)。教育経験がある
者は被害者には責任がないと考え、出来事がセックスの強要であると判断す
ることが明らかになった。

　親しい人のレイプ被害経験の有無による平均値の差の検定を行ったとこ
ろ、レイプ支持態度尺度の「強姦[注]に至る状況と女性の責任因子」の合計
得点は、被害経験あり群（M＝14.20、SD＝3.97）は、被害経験なし群（M＝
12.31、SD＝3.35）よりも高かった（t (119) ＝2.00、p＜.05)。したがって身近
にレイプ被害の経験者がいる者のほうが、被害者に好意的な態度をもってい
ることが示された。

尺度間の相関

　各尺度間の相関をPearsonの相関係数によって求めた（Table 5-3-3)。レイ
プ支持態度合計と被害者の責任判断（r＝-.42、p＜.001)、被害者への同情（r
＝.47、p＜.001)、レイプの判断（r＝.52、p＜.001)、被害者への影響（r＝.39、
p＜.001）の間で有意な相関がみられたが、被害者の統制可能性との相関は有

第5章　レイプ支持態度と判断者の立場が判断に及ぼす影響（研究3）

Table 5-3-2　背景要因による各尺度の t 検定

| | レイプに関する教育経験 | | | | | | 親しい人のレイプ被害経験 | | | | | |
| | あり (n=17) | | なし (n=105) | | | | あり (n=15) | | なし (n=106) | | | |
	M	SD	M	SD	t値	df=120	M	SD	M	SD	t値	df=119
レイプ支持態度尺度												
強姦にまつわる女性像と男性の正当化因子	31.71	2.82	29.82	4.12	1.82	n.s.	30.67	3.04	30.00	4.16	.60	n.s.
強姦に至る状況と女性の責任因子	12.94	4.16	12.55	3.43	.42	n.s.	14.20	3.97	12.31	3.35	2.00	*
女性の性的嗜好因子	16.47	2.62	16.21	2.84	.35	n.s.	16.07	3.43	16.24	2.71	-.22	n.s.
強姦と男性の生理的欲求因子	5.47	2.60	4.79	1.72	1.40	n.s.	5.20	1.57	4.83	1.91	.71	n.s.
レイプ支持態度合計	66.59	8.38	63.37	9.04	1.37	n.s.	66.13	8.43	63.38	9.01	1.12	n.s.
被害者の統制可能性	13.59	3.02	14.36	3.31	-.91	n.s.	14.87	3.31	14.24	3.21	.71	n.s.
加害者の責任判断 (%)	65.24	20.32	54.36	20.86	2.00	*	58.93	23.95	55.04	20.35	.68	n.s.
被害者の責任判断 (%)	34.76	20.32	45.53	20.92	-1.98	*	41.07	23.95	44.86	20.41	-.66	n.s.
被害者への同情	8.71	3.14	7.47	3.03	1.56	n.s.	7.20	3.82	7.68	2.96	-.57	n.s.
デートレイプの判断												
無理強い	5.94	1.20	5.16	1.39	2.19	*	5.60	.91	5.21	1.43	1.03	n.s.
*許される	5.65	1.17	5.09	1.56	1.42	n.s.	5.20	1.52	5.17	1.53	.07	n.s.
*望んでいた	5.18	1.55	4.71	1.54	1.15	n.s.	4.40	1.45	4.84	1.56	-1.03	n.s.
*同意していた	5.12	1.76	4.52	1.69	1.33	n.s.	4.67	1.88	4.60	1.70	.13	n.s.
レイプ判断	3.59	1.77	3.41	1.40	.47	n.s.	2.80	1.21	3.51	1.46	-1.79	n.s.
強姦の判断	3.00	1.77	3.08	1.53	-.19	n.s.	2.73	1.39	3.10	1.59	-.86	n.s.
デートレイプの判断合計	28.47	6.98	25.97	6.82	1.40	n.s.	25.40	6.21	26.43	7.00	-.54	n.s.
被害者への精神的影響	14.24	4.02	14.18	3.76	.05	n.s.	14.13	3.87	14.15	3.77	-.02	n.s.

*逆転項目

$^*p<.05,\ ^{**}p<.01$

Table 5-3-3　各尺度間の相関表（全体）

		1	2	3	4	5	6
1	レイプ支持態度尺度	—	.06	-.42***	.47***	.52***	.39***
2	被害者の統制可能性		—	.09	-.16	-.10	-.01
3	被害者の責任判断			—	-.60***	-.59***	-.35***
4	被害者への同情				—	.64***	.58***
5	デートレイプの判断					—	.60***
6	被害者への精神的影響						—

注　有意水準　***p<.001

Table 5-3-4　各尺度間の相関表（男女別）

		1	2	3	4	5	6
1	レイプ支持態度尺度	—	.06	-.42**	.45***	.49***	.35*
2	被害者の統制可能性	.06	—	.23	-.25	-.25	-.10
3	被害者の責任判断	-.42***	-.06	—	-.62***	-.68***	-.39***
4	被害者への同情	.51***	-.08	-.59***	—	.61***	.69***
5	デートレイプの判断	.54***	.04	-.51***	.68***	—	.62***
6	被害者への精神的影響	.44***	.07	-.32**	.50***	.60***	—

注1　有意水準　*p<.05，**p<.01，***p<.001
注2　右上が男性、左下が女性

意ではなかった（r=.06、$n.s.$）。また、デートレイプの判断と被害者の責任判断（r=-.59、p<.001）、被害者への同情（r=.64、p<.001）、被害者への影響（r=.60、p<.001）の間に有意な相関がみられたが、被害者の統制可能性は有意ではなかった（r=-.10、$n.s.$）。

　次に男女別に相関係数を算出し、結果をTable 5-3-4に示した。男女間で相関係数.20以上の差が見られたのは、被害者の統制可能性とデートレイプの判断の間のみであった（男性：r=-.25、$n.s.$、女性：r=.04、$n.s.$）。

レイプ支持態度と判断者の立場によるデートレイプの判断の男女別分散分析
　レイプ支持態度尺度の上位50％をRSAS High、下位50％をRSAS Lowとし

第5章　レイプ支持態度と判断者の立場が判断に及ぼす影響（研究3）　93

た。男性のRSAS High（37名）の平均値は68.86点であり、RSAS Low（30名）の平均値は55.10点であった。女性ではRSAS High（49名）の平均値は72.27点、RSAS Low（48名）の平均値は58.56点であった。男女別に判断者の立場（加害・被害・統制）の条件においてRSAS High/Lowによる6群に回答者を分け、被害者の統制可能性、被害者の責任判断、被害者への同情、デートレイプの判断、被害者への精神的影響について、1要因の分散分析を行った。男性の結果をTable 5-3-5、女性の結果をTable 5-3-6に示した。

1）被害者の統制可能性

男性では6群間に有意差は認められなかった（F（5、61）= .61、*n.s.*）。また女性においても6群間で差は認められなかった（F（5、91）= .90、*n.s.*）。

2）被害者の責任判断

男性において被害者の責任判断には群間差がみられた（F（5、61）=3.20、$p<.05$）。多重比較を行ったところ、被害H群（$M=31.50$、$SD=21.86$）＜加害L群（$M=60.00$、$SD=20.49$）であった（$p<.10$）。加害者友人条件の被害者に非好意的な態度をもつ者は、被害者友人条件の被害者に好意的な態度をもつ者よりも被害者の責任は大きいと判断していた。

女性においても有意差がみられた（F（5、91）=4.94、$p<.001$）。多重比較を行ったところ、加害H群（$M=36.90$、$SD=15.29$）、被害H群（$M=32.77$、$SD=22.30$）、統制H群（$M=28.40$、$SD=19.42$）＜加害L群（$M=53.80$、$SD=16.91$）であった（$p<.05$）。加害者友人条件と被害者友人条件、統制群の被害者に好意的な態度をもつ者は加害者友人条件の被害者に非好意的な態度をもつ者よりも被害者に責任が大きいと判断していた。

3）被害者への同情

男性では被害者への同情について群間差がみられた（F（5、61）=4.37、

Table 5-3-5　男性回答者におけるレイプ支持態度と判断者の立場によるデートレイプの判断の分散分析

変数	加害者友人条件		被害者友人条件		統制群		$F_{(5, 61)}$	多重比較
	RSAS Low (n=11)	RSAS High (n=17)	RSAS Low (n=14)	RSAS High (n=10)	RSAS Low (n=5)	RSAS High (n=10)		
被害者の統制可能性	4.97 (1.16)	4.63 (1.14)	4.74 (1.46)	4.83 (1.22)	5.47 (1.04)	5.23 (0.98)	.61	n.s.
被害者の責任判断	60.00 (20.49)	35.35 (18.55)	53.93 (22.20)	31.50 (21.86)	52.00 (19.24)	40.00 (27.08)	3.20	* 被害H<加害L($p<.10$)
被害者への同情	2.55 (1.04)	4.74 (1.25)	3.39 (1.48)	4.80 (1.64)	3.50 (0.79)	3.90 (1.93)	4.37	** 加害L<加害H, 被害H($p<.01$)
デートレイプの判断	3.55 (1.27)	4.94 (0.85)	3.61 (1.02)	5.08 (0.88)	3.53 (0.43)	4.23 (1.06)	5.96	*** 加害L, 被害L<加害H, 被害H($p<.01$)
被害者への精神的影響	4.15 (1.08)	5.25 (1.14)	4.14 (0.80)	5.43 (1.44)	4.53 (1.22)	5.27 (0.78)	3.56	** 被害L<被害H, 加害H($p<.01$)

注　RSAS Low＝レイプ支持態度が強い、RSAS High＝レイプ支持態度が弱い　　　　括弧内は標準偏差、*$p<.05$、**$p<.01$、***$p<.001$

Table 5-3-6　女性回答者におけるレイプ支持態度と判断者の立場によるデートレイプの判断の分散分析

変数	加害者友人条件		被害者友人条件		統制群		$F_{(5, 91)}$	多重比較
	RSAS Low (n=25)	RSAS High (n=21)	RSAS Low (n=11)	RSAS High (n=13)	RSAS Low (n=12)	RSAS High (n=15)		
被害者の統制可能性	4.64 (1.15)	4.54 (0.90)	5.12 (0.86)	4.92 (0.85)	4.56 (1.16)	5.00 (0.94)	.90	n.s.
被害者の責任判断	53.80 (16.91)	36.90 (15.29)	45.00 (19.36)	32.77 (22.30)	47.08 (19.12)	28.40 (19.42)	4.94	*** 加害H, 被害H, 統制H<加害L($p<.05$)
被害者への同情	2.88 (1.32)	4.31 (1.50)	3.73 (1.15)	4.50 (1.19)	3.13 (1.52)	4.63 (0.95)	5.73	*** 加害L<加害H, 統制H($p<.01$)
デートレイプの判断	3.69 (1.08)	4.88 (0.86)	4.62 (1.08)	5.03 (0.71)	3.90 (0.63)	4.74 (1.05)	6.30	*** 加害L<加害H, 被害L, 統制H($p<.001$)
被害者への精神的影響	4.25 (1.48)	5.10 (1.22)	4.79 (1.04)	4.90 (1.02)	4.03 (1.41)	4.98 (0.61)	2.11	n.s.

注　RSAS Low＝レイプ支持態度が強い、RSAS High＝レイプ支持態度が弱い　　　　括弧内は標準偏差、*$p<.05$、**$p<.01$、***$p<.001$

$p<.01$）。多重比較を行ったところ、加害L群（$M=2.55$、$SD=1.04$）＜加害H群（$M=4.74$、$SD=1.25$）、被害H群（$M=4.80$、$SD=1.64$）であった（$p<.05$）。加害者友人条件の被害者に非好意的な者は、加害者友人条件、被害者友人条件の被害者に好意的な態度をもつ者よりも被害者への同情を示さなかった。

女性においても有意差がみられた（F（5、91）$=5.73$、$p<.001$）。多重比較によれば、被害者への同情では、加害L群（$M=2.88$、$SD=1.32$）＜加害H群（$M=4.31$、$SD=1.50$）、被害H群（$M=4.50$、$SD=1.19$）、統制H群（$M=4.63$、$SD=0.95$）であった（$p<.01$）。加害者友人条件の被害者に非好意的な者は、加害者友人条件、被害者友人条件、統制群の被害者に好意的な者よりも被害者への同情を示さなかった。

4）デートレイプの判断

男性では、群間差がみられた（F（5、61）$=5.96$、$p<.001$）。多重比較を行ったところ、加害L群（$M=3.55$、$SD=1.27$）、被害L群（$M=3.61$、$SD=1.02$）＜加害H群（$M=4.94$、$SD=0.85$）、被害H群（$M=5.08$、$SD=0.88$）であった（$p<.001$）。加害者友人条件と被害者友人条件の被害者に好意的な態度をもつ者よりも被害者に非好意的な態度をもつ者のほうがレイプであると判断しなかった。

女性においても群間差がみられた（F（5、91）$=6.30$、$p<.001$）。多重比較を行ったところ、加害L群（$M=3.69$、$SD=1.08$）＜加害H群（$M=4.88$、$SD=0.86$）、被害H群（$M=5.03$、$SD=0.71$）、統制H群（$M=4.74$、$SD=1.05$）であった（$p<.001$）。加害者友人条件の被害者に非好意的な者は、加害者友人条件、被害者友人条件、統制群の被害者に好意的な者よりも被害者への同情を示さなかった。

5）被害者への精神的影響

男性では被害者への精神的影響について群間差がみられた（F（5、61）$=$

3.56、$p < .01$)。多重比較を行ったところ、被害L群（$M = 4.14$、$SD = 0.80$）＜
被害H群（$M = 5.43$、$SD = 1.44$）、加害H群（$M = 5.25$、$SD = 1.14$）であった（p
$< .01$)。被害者友人条件の被害者に非好意的な者は、被害者友人条件、加害
者友人条件の被害者に好意的な態度をもつ者よりも、被害者の精神的影響に
を軽く見積もっていた。

　女性では被害者への精神的影響において6群間に有意差は認められなかっ
た（F（5、91）$= 2.11$、$n.s.$)。

4．考　　察

　本研究の目的は、レイプ支持態度と判断者の立場がデートレイプの判断に
及ぼす影響について男女別に検討することであった。

**デートレイプの判断における加害者・被害者に対する立場とレイプ支持態度
による男女別検討**

　結果から、以下のことが明らかになった。

　まず、被害者の統制可能性については、レイプ支持態度や他の従属変数と
の相関がなく、条件間での差も有意でなかった。ことばによる性的強制は、
被害者の統制可能性が高いことが被害者に責任があり、被害による精神的影
響を軽く見積もる傾向と関連していることを示したKatz et al.（2007）の結果
とは異なっている。

　次に被害者の責任判断については、加害者と友人の立場に立ち、被害者に
非好意的な態度の男性は、被害者と友人の立場で被害者に好意的な態度の男
性よりも、出来事に対する被害者の責任の割合が大きいと判断した。両者の
間には平均値で30点の差があり、まさにレイプ支持態度と判断者の立場に
よって、出来事への責任帰属が逆転してしまうことを示しているといえよ
う。また、加害者友人条件において被害者に非好意的な態度をもつ女性は、

各条件の被害者に好意的な態度の女性と比較して、被害者の責任の割合が大きいと判断していた。これは Bell et al. (1994) の結果と一致している。

次に被害者への同情については、加害者友人条件において被害者に非好意的な態度をもつ男性は、加害者友人条件と被害者友人条件において被害者に好意的な態度をもつ男性よりも被害者に同情を示した。また、加害者友人条件において被害者に非好意的な態度をもつ女性は、各条件の被害者に好意的な態度の女性と比較して、被害者への同情を示さなかった。

次にデートレイプの判断については、加害者友人条件と被害者友人条件において被害者に非好意的な態度の男性は、加害者友人条件と被害者友人条件において被害者に好意的な男性よりも出来事をレイプと判断しなかった。また、加害者友人条件において被害者に非好意的な態度を示す女性は、各条件で被害者に好意的な態度をもつ女性よりもレイプと判断しなかった。

最後に、被害者の精神的影響については、被害者友人条件の被害者に非好意的な男性は、被害者友人条件と加害者友人条件の被害者に好意的な態度をもつ男性よりも被害者の精神的影響を軽く見積もっていた。また、女性回答者においては、群間差はみられなかった。

この結果について、社会心理学における他者に対する評価・判断・推論に関する知見（工藤, 2010）を参照し、それぞれの判断者の特徴について考察する。被害者の責任判断、被害者への同情、デートレイプの判断において、もっとも被害者に対して支持的でなかったのは、加害者と友人の立場にあり被害者に非好意的な態度をもつ男性である。彼らは異性であり、友人でもないことから、被害者との類似性が低く、被害者と同じ状況になったときに、自分がどのような心情になるのか推測することが難しい。それに加えて、レイプやレイプ被害者に対する誤った信念を含むレイプ支持態度を持っているので、状況要因の考慮がなされず、行為者に責任を帰属させる「対応バイアス」が生じやすいと考えられる。これに対して、被害者と友人の立場にあり、被害者に好意的な態度をもつ男性は、友人関係であることから類似性が

少し高くなり、状況要因（加害者からのことばによる強制）を考慮することで対応バイアスの修正が可能であったと考えられる。

　また、女性においては、被害者と友人の立場にあり被害者に好意的な態度をもつ女性は、同性であり、友人であることから、もっとも被害者との類似性が高い。シナリオに示されている被害者の心情に対して、もし自分が被害者と同じ状況になったときに自分がどのように感じるのかを推論し、受け入れ、共感を示すことが容易である。一方、被害者と同性ながら、加害者と友人の立場で被害者に対する非好意的な態度をもつ女性は、責任判断、被害者への同情、デートレイプの判断において、もっとも被害者に厳しい判断を行っていた。これは被害者をステレオタイプ化し、自分との類似性を減ずることにより、自分が同様の被害に遭うという不安を減らしていたのではないかと推測される。判断者のレイプ支持態度に加え、判断者のおかれた立場により、デートレイプの判断が変化するということは重要な視点であると言える。

　ところで、デートレイプの判断と被害者の精神的影響については、被害者と友人の立場で被害者に対する非好意的な態度をもつ男性において、レイプと判断せず、被害者の精神的な影響を軽く見積もることが示された。彼らはシナリオに示された出来事を矮小化する傾向にあると推測される。彼らは被害者と友人であり、レイプやレイプ被害者に対する誤った信念をもっているので、典型的なレイプではない状況で、友人を被害者として認めることが困難であったと考えられる。このような判断者においては、被害者に対する支援の必要性をそれほど感じておらず、よかれと思って述べた一言が二次被害となりやすいのではないだろうか。

本研究の限界と今後の課題

　本研究の限界として、実験条件の統制に関する問題が残った。シナリオの男性と女性それぞれの友人条件を設定したが、当該の登場人物に対して、ど

のくらい自分と似ていると感じているか、好意感情をもっているか、親しみを感じているかなどについて検証しなかったため、実験条件の統制について検討の余地がある。被害者や加害者に対する立場について、どの程度具体的に思い描くことができたかという個人差も判断に影響する可能性がある。さらに本研究では、重要な他者を親しい友人の立場に焦点をあてて検討したが、今後は家族や恋人などの立場からも検討することが必要であろう。

　また、テーマは異なるが蔵永・片山・樋口・深田（2009）は、いじめ場面における傍観者の役割取得と共感が傍観者自身のいじめ関連行動に及ぼす影響について検討を行っており、傍観者に対する役割取得は被害者援助行動を抑制、傍観行動を促進し、それとは逆に被害者に対する役割取得は被害者援助行動を促進、傍観行動を抑制することを明らかにしている。今後の研究では、援助行動の意思についても変数に加え、デートレイプの判断との関連について検討していくことが必要だろう。

　デートレイプ被害者の心的外傷の回復において、本人のレジリエンシーとサポート環境の重要性が示されているが（Harvey, 2007）、とりわけ本人に直接的に関与する重要な他者の存在が注目されている（Davis et al., 1991）。重要な他者は本人の回復に影響を与える存在である半面、トラウマによる被害者の対人不信感や孤立無援感を理解し、サポートし続けることの難しさがあることも知られており、重要な他者に対するサポートや二次被害の予防についてさらに研究を進めて行くことが必要であろう。

（注）：2017年に刑法改正によって、強姦罪は強制性交等罪と名称が変更され、一部の構成要件と法定刑の見直しが行われたが、ここでは本研究が行われた2010年当時の名称で掲載した。なお、因子名は片岡・堀内（2001）による。

第6章 レイプ支持態度とレイプに関する教育的介入が判断に及ぼす影響：模擬裁判実験における有罪・無罪判断および量刑判断の男女別検討（研究4）

1．問題と目的

　2009年5月より裁判員裁判という新たな司法制度が導入されている。裁判員は裁判官とともに評議し、刑事事件の事実認定（有罪か無罪か）と量刑の判断を行うため、被告人に対し特に偏向した態度をもつ裁判員を選ばないようにすることの重要性が指摘されている（黒沢, 2005）。法廷に提出された証拠だけに基づき、検察官が十分な立証を行ったか、できるだけ公平に判断できる人を選ぶ必要がある。量刑判断においても、犯罪行為自体と犯情が最も重視されるとはいえ、被害者側の落ち度は被告人の責任を軽減する情状であるとされており（原田, 2003）、裁判員のレイプ支持態度が判断に影響する可能性がある。裁判員制度をふまえて、一般市民を対象にデートレイプの判断に影響を与える要因について検討することは重要である。

　前章（研究3）では、レイプ支持態度とともに判断者の立場がデートレイプの判断に与える影響について検討した。本章（研究4）では、被害者と加害者に対しては第三者的な判断を行う裁判員の立場を仮定しており、判断者のレイプ支持態度がどのように模擬裁判員の判断に影響を及ぼすかについて検討する。

　デートレイプの判断に影響を与える要因として、レイプに関する教育的介入が検討されている（Ward, 1995）。例えば、レイプ支持態度に対して支持的なガイダンスを受講した者は、レイプ支持態度に反対するガイダンスを受講

した者よりもデートレイプの加害者に罪はないと評定することが示されている（Gray, 2006）。講義形式（Pinzone-Glover et al., 1998）、ロールプレイやディスカッション（Fay & Medway, 2006）、参加型のデートレイプドラマ（Heppner et al., 1995）などによって、レイプ支持態度やレイプの判断が変容することが報告されている。

国内では実証的研究が少なく、片岡（2004）がレイプに関する教育プログラムを実施し、性暴力に対する看護者の態度を、より被害者に好意的なものに変化させ、性暴力被害者への看護の理解を高めるのに効果的であったことを示している。また、北風（2008）では、レイプ支持態度の変容を目的とした教材を視聴することによって、レイプ支持態度の変容がみられた。特に男性よりも女性のエフェクトサイズが大きく、デートレイプの被害者に対する責任帰属の変容にも効果がみられたことから、教材の視聴がデートレイプの判断に影響することが示唆されている。

したがって、本研究の目的はレイプに関する教育的介入とレイプ支持態度がデートレイプの判断に及ぼす影響について明らかにすることである。そのため、シナリオ実験の手法を用いて、デートレイプ事例に対する模擬裁判員の有罪・無罪判断、および量刑判断についての検討を行う。レイプに関する教育的介入は、レイプ支持態度の変容を目的とした啓発教材と被害者の手記を読むことについて検討する。

2．方　　法

実験対象　首都圏私立文系A大学とB大学の大学生、大学院生78名であった。そのうち欠損値を除く70名（男性35名、女性35名）を分析対象とした。大学の講義終了時に実験協力の依頼文を配布し、実験の趣旨と対象者について説明し、実験の実施予定時間と場所をアナウンスした。アナウンスを行った講義は一般教養科目と心理学関連の科目であった。対象者は20歳以上に限定

して行った。

実験デザイン　教育内容（教材AB・教材BA・教材CA・教材CB・教材CC'：被験者間）×レイプ支持態度（高低：被験者間）×測定時期（プレテスト・ポストテスト1・ポストテスト2：被験者内）の3要因混合デザインであった。

手続き　2011年1月から8月にかけて、質問紙を用いたシナリオ実験を実施した。所要時間は1時間程度であり、大学構内の普通教室で行われた。1回の実験で1名から11名が実験に参加した。実験開始前に調査の目的について説明を行い、実験協力に対する同意書および誓約書を取り交わしたうえ、実験協力への謝礼としてクオカード（1000円分）を進呈した。

質問紙は教材提示内容と順序が異なる5種類があり、この5種類を実験参加者にランダムに配布することによって、教育内容の各条件へのランダム配置を行った。教材A、教材Bの順に読むよう教示された教材AB群、教材B、教材Aの順に読むように教示された教材BA群、教材C、教材Aの順に読むよう教示された教材CA群、教材C、教材Bの順に読むよう教示された教材CB群、教材C、教材C'の順に読むよう教示された教材CC'群の5群が設定された。（Figure 6-2-1）

質問紙の(1)から(7)までが第1パート（プレテスト）、5分の休憩をはさみ、(8)から(10)までが第2パート（ポストテスト1）、5分休憩、(11)から(13)までで第3パート（ポストテスト2）という3部構成で行われた。（Figure 6-2-2）

倫理的配慮　教材が教育的効果をもつものであるため、今回の実験ではディブリーフィングは不要と考え実施しなかった。統制教材のみを読んだ教材CC'群には、実験終了後に教材ABを配布した。また質問や問い合わせについて対応できるように研究者の連絡先を伝えた。

質問紙の構成　(1)実験内容についての説明：質問紙の第1ページに実験の趣旨と対象者自身の経験を尋ねるものではないこと、答えたくない場合は質問項目をみないで調査者に返送すること、結果は研究以外の目的に使用しな

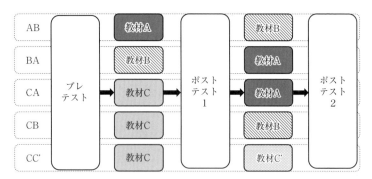

Figure 6-2-1　研究4における実験デザイン

- (1) 実験内容の説明
- (2) 法的知識
- (3) 刑事裁判の概要
- (4) 有罪・無罪の判断・懲役年数
- (5) レイプ支持態度尺度
- (6) デモグラフィック要因
- (7) 教材の教示

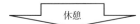
休憩

- (8) ソート・リスティング
- (9) ポストテスト1 ((3)から(5)と同じ)
- (10) 教材の教示

休憩

- (11) ソート・リスティング
- (12) ポストテスト2 ((3)から(5)と同じ)

Figure 6-2-2　実験手続き

第6章 レイプ支持態度とレイプに関する教育的介入が判断に及ぼす影響（研究4） 105

Table 6-2-1 法的知識の呈示

裁判員裁判とは
　2009年から一般市民が、一定の刑事事件に参加する裁判員裁判が始まりました。この裁判員裁判では、6人の一般市民が3人の裁判官と一緒に、①被告人が実際に犯行を行ったのか否か、②もし被告人が犯行を行ったのであれば何年くらいの刑が適切か、を決めます。

　今回取り上げるのは強姦罪に問われている刑事事件です。刑法の条文は以下の通りです。

刑法第一七七条（強姦）
「暴行又は脅迫を用いて一三歳以上の女子を姦淫したものは、強姦の罪とし、三年以上の有期懲役に処する。一三歳未満の女子を姦淫したものも、同様とする」

いこと、回答中に気分が悪くなるなどの変化があった場合は学生相談機関を利用することなどについて表記した。(2)法的知識の呈示：第3ページに裁判員裁判制度と強姦罪 (注) についての法的知識を示し、裁判員になったことを想定して実験に参加するよう教示した（Table 6-2-1）。(3)刑事裁判の概要の呈示：第4ページに刑事裁判の概要を呈示した。内容は、事件の概要、検察官による主張、被告人Xの弁護人の主張、裁判官からの説示であった（Table 6-2-2）。(4)有罪・無罪の判断および量刑判断：第5ページに上記の事件において、被告人Xは有罪であると思うかについて、「強い確信を持って無罪」から「強い確信を持って有罪」までの7件法で回答を求めた。「どちらかといえば有罪」から「強い確信を持って有罪」と判断した場合、懲役に処する年数は何年が相当であると判断するかについて、1.5年から20年までの年数を表記し、その中から選択してもらった。さらにそのように有罪・無罪の判断および量刑判断した理由について、自由記述で記入してもらった。(5)レイプ支持態度尺度：第7ページに「レイプ被害者に対する非好意的で冷淡な態度」を測定するレイプ支持態度尺度について回答を求めた。尺度は翻訳版Rape Supportive Attitude Scale17項目（片岡・堀内, 2001）であった。

Table 6-2-2　刑事裁判の概要の呈示

事件の概要

　会社員の男性Xは、自宅マンションの隣に住む女性A（当時22歳）と親しくなり、何度かお茶をしたことがあった。ある日、XはAと性交渉をもちたいと思い、Aが勤め先から帰るのを待っていた。Xは、Aが帰宅し、自宅に入ろうとドアを開けた頃をみはからって声をかけた。顔見知りだったのでAも安心し、しばらく、ドアを開けたまま、Xとたわいのない話をし、笑い声も出るほど会話ははずんだ。

　Aが「では、また」といって部屋に入ろうとしたところ、Xは、いきなりAに抱きつき、ドアから部屋のほうにAを押し込み、Aを押し倒した。Aは「やめてください」と言って、Xを引っ掻いたりして、しばらく抵抗した。しかし、Xは、腕力差を利用してAの身体に覆いかぶさり、強い力で押さえつけ、そのうちに抵抗をやめたAと性交渉をもった。

検察官による主張

　Xは、会話のすきを突いてAを襲い、Aが強く抵抗しているにもかかわらず、女性では抵抗できないほどの暴行を加えて抵抗を断念させ、姦淫に及んだ。AはXに「やめてください」と懇願し、引っ掻くなどして強く抵抗もしており、性交渉を拒んでいたことは明白であって、Xには強姦罪が成立する。女性が親しく会話をしている最中に突然おそわれて強姦されるのを放置するなら、女性は安心して生活できないのであって、女性に強い不安を与えた被告人の責任は重く、Xには懲役6年が相当である（求刑意見）。

Xの弁護人による主張

　Xは、以前からAと親しくしており、当日も楽しく会話していた。Aと性交渉をもったが、Aは、最後まで抵抗していたわけではなく、最終的には応じている。Aは性交渉に同意していたのであり、強姦罪は成立しない。Aは以前にも男性と交際していた経験があり、性交渉に対して不慣れであったとはいえず、男女間の性交渉に見られる微妙な部分にも通じていた。このようなAが抵抗していたからといって、性交渉に同意していなかったとはいえないのであり、この点は慎重に判断しなければいけない。被告人は無罪である。

裁判長から裁判員への説示

刑法177条前段（強姦罪）は、次のように規定されている。
「暴行又は脅迫を用いて13歳以上の女子を姦淫したものは、強姦の罪とし、3年以上の有期懲役に処する。」
①　強姦罪が成立するには、この条文から、以下の3つの基準をすべて満たす必要がある。これを満たさなければ無罪となる。
・被害者の抵抗が著しく困難になる程度の暴行や脅迫を用いていること
・女性の意思に反していること
・姦淫を遂げていること（性交渉があった点については、X-A間で争いはない）
②　有罪と考える場合に課す刑については、被告人は、この条文から、3年以上の有期懲役（3年以上20年以下）に処されることになる。ただし、被告人に同情の余地があり、刑が重すぎると考える場合には、1.5年まで刑を下げることが可能である。
③　なお、強姦罪のみが問題となった過去の事件では、4-5年の懲役刑を科した例が多いが、これは参考にすぎない。裁判員はこれまでの例に縛られて判断する必要はない。

「非常にそう思う」から「まったくそう思わない」までの５件法であった。⑹デモグラフィック要因：第８ページに対象者自身の年齢、性別、学年、これまでのレイプに関する教育経験、身近な人のレイプ被害経験について回答してもらった。⑺教材についての教示：第９ページに１種類目の教材を読むように教示がされた。読み終わった後に休憩をとることも教示された。⑻ソート・リスティング：第11ページに１種類目の教材を読んでいる間に想起した考えや感想を箇条書きで書くよう求めた。回答欄は12個設定された。⑼ポストテスト１：第12ページから第15ページまでに、上記の⑶から⑸までと同様の質問内容について回答を求めた。⑽教材についての教示：第17ページに２種類目の教材を読むように教示された。読み終わった後に休憩をとることも教示された。⑾ソート・リスティング：第19ページに２種類目の教材を読んでいる間に想起した考えや感想を箇条書きで書くよう求めた。⑻と同様に回答欄は12個設定された。⑿ポストテスト２：第20ページから第23ページまでに、上記の⑶から⑸までと同様の質問内容について回答を求めた。

教育内容 教材A：女性関連団体が作成した啓発教材であり、レイプ支持態度に関する教材として用いた。女性のためのアジア平和国民基金（2004）小冊子「レイプの二次被害を防ぐために—被害者の回復を助ける７つのポイント—」から、第１章「二次被害とは何か、考えてみましょう」（３ページから６ページ）、第２章「なぜ二次被害は発生するのか、考えてみましょう」（９ページから11ページ）、第３章「二次被害を防ぐために何ができるか：被害者の回復を助ける７つのポイント」（19ページから20ページ）の計９ページを抜粋した。

教材B：レイプ被害者の手記の一部を抜粋した資料であり、著者が自身のところによせられたレイプ被害者の声についてまとめた内容であった。小林美佳（2010）「性犯罪被害とたたかうということ」から、第３章「報じられない被害の現実」（81ページから103ページ）を抜粋した。

教材C（統制教材）：ストレスケア、リラクセーション、タイムマネジメン

トに関する資料であり、本研究の趣旨とは関連のない内容であった。野村忍（2010）「ストレスの対処法を身につけて心も体も健康に」、征矢英昭（2010）「運動でストレスに負けない前向きな脳を作ろう！」（2ページから5ページ）を抜粋、厚生労働省（2009）「こころの健康 気づきのヒント集」から一部を抜粋（6ページから10ページ）、島悟・佐藤恵美（2007）「ストレスマネジメント入門」から第3章「タイムマネジメント—時間使い上手でストレス激減」（77ページから85ページ）を抜粋して用いた。

教材C'（統制教材）：ヘボン夫妻の日本での功績についての内容であった。本研究の趣旨とは関連のない内容であった。杉田幸子（1999）「横浜のヘボン先生」より第4章「ヘボン塾とミッション・スクール」の一部（81ページから97ページ）を抜粋して用いた。

3. 結 果

対象者の属性

各条件の対象者は、教材AB群20名（男性10名、女性10名）、教材BA群20名（男性10名、女性10名）、教材CA群10名（男性5名、女性5名）、教材CB群10名（男性5名、女性5名）、教材CC'群10名（男性5名、女性5名）であった。各条件の参加者の平均年齢はAB群21.40歳（$SD = 1.98$）、BA群22.25歳（$SD = 2.51$）、CA群21.60歳（$SD = 1.17$）、CB群23.10歳（$SD = 2.81$）、CC'群22.70歳（$SD = 3.30$）で統計的な差はなかった（$F_{(4、65)} = 1.14$、$n.s.$）。男性の平均年齢は22.26歳（$SD = 2.73$）、女性は21.96歳（$SD = 2.07$）で統計的な差はなかった（$t_{(68)} = .54$、$n.s.$）。

基本統計量と男女差の検定

　各変数の基本統計量と男女差の検定の結果をTable 6-3-1に示した。プレテストにおける有罪・無罪判断の平均値は5.94点（$SD = .87$）で「どちらかといえば有罪」から「確信をもって有罪」の間に位置していた。同じくプレテストの量刑判断の平均値は4.35年（$SD = 1.96$）であった。質問紙には裁判長からの説示として、過去の事件では4-5年の刑を科した例が多いことを伝えており、平均値はその範囲内にあった。プレテストのレイプ支持態度得点の平均値は64.13点（$SD = 7.61$）であった。各測定時期における有罪・無罪判断、量刑判断、レイプ支持態度尺度の平均値には男女差は示されなかった。

また、ソート・リスティング法に基づき、教材を読んでいるときに頭に浮かんだ考えや感想を自由記述してもらったデータのうち、教材の内容に関連する思考の量について、心理学専攻の博士課程の学生2名によって評定したところ、教材の内容と関連しない記述はなかったため、すべてのデータを採用した。一つ目の教材を読んだ後のソート・リスティングにおいて書かれたセンテンスの数は平均6.81個（$SD = 2.69$）、二つ目の教材を読んだ後のセンテンスの数は平均5.74個（$SD = 2.63$）であった。思考の量において男女差は認められなかった。

レイプ支持態度と有罪・無罪判断、量刑判断の相関

　各測定時期におけるレイプ支持態度と有罪・無罪判断、量刑判断の相関係数、およびプレ－ポスト2間の変化量の相関係数を算出した。全体の相関表をTable 6-3-2、男女別の相関表をTable 6-3-3に示した。

　男女別に3変数間の相関関係をみると、男性では、プレテストでは、レイプ支持態度と有罪・無罪の判断の間（$r = .38$、$p < .05$）、有罪・無罪判断と量刑判断の間（$r = .56$、$p < .001$）で有意な正の相関がみられた。ポストテスト1では有罪・無罪判断と量刑判断の間（$r = .58$、$p < .001$）に正の相関がみら

Table 6-3-1 基本統計量

		全体 (N=70)		範囲		男性 (N=35)		女性 (N=35)		t値	df=68
		M	SD			M	SD	M	SD		
年齢		22.10	2.41	20	29	22.26	2.74	21.94	2.07	.54	n.s.
プレテスト	有罪・無罪判断	5.94	.87	4	7	5.80	.93	6.09	.78	-1.39	n.s.
	量刑判断	4.35	1.96	0	10	4.03	2.13	4.67	1.75	-1.38	n.s.
	レイプ支持態度尺度	64.13	7.61	47	84	64.40	8.28	63.86	6.99	.30	n.s.
ポストテスト1	TLのセンテンス数	6.81	2.69	2	12	6.86	3.05	6.77	2.33	.13	n.s.
	有罪・無罪判断	6.10	.87	4	7	6.03	.89	6.17	.86	-.68	n.s.
	量刑判断	5.16	2.50	0	15	4.99	2.15	5.34	2.83	-.59	n.s.
	レイプ支持態度尺度	67.64	8.66	35	85	67.46	9.66	67.83	7.68	-.18	n.s.
ポストテスト2	TLのセンテンス数	5.74	2.63	1	12	5.49	3.15	6.00	2.00	-.82	n.s.
	有罪・無罪判断	6.40	.77	4	7	6.23	.84	6.57	.65	-1.90	n.s.
	量刑判断	5.81	2.92	0	20	5.60	3.21	6.03	2.62	-.61	n.s.
	レイプ支持態度尺度	70.41	8.80	35	85	70.37	10.11	70.46	7.43	-.04	n.s.

Table 6-3-2 有罪・無罪の判断、量刑判断、レイプ支持態度尺度間の相関表

		1	2	3	4	5	6	7	8	9	10	11	12
プレテスト	1 有罪・無罪判断	—											
	2 量刑判断	.52***	—										
	3 レイプ支持態度尺度	.43***	.31**	—									
ポストテスト1	4 有罪・無罪判断	.81***	.38***	.36*	—								
	5 量刑判断	.45***	.65***	.31**	.51***	—							
	6 レイプ支持態度尺度	.44***	.19	.82***	.41***	.33**	—						
ポストテスト2	7 有罪・無罪判断	.71***	.35**	.25*	.74***	.37**	.24*	—					
	8 量刑判断	.46***	.62***	.33*	.40***	.85***	.33**	.38***	—				
	9 レイプ支持態度尺度	.41***	.13	.74***	.36**	.25*	.93***	.25*	.30*	—			
変化量[注1]	10 有罪・無罪判断	-.51***	-.28*	-.29*	-.22	-.16	-.31*	.25*	-.17	-.26*	—		
	11 量刑判断	.14	-.07	.16	.19	.52***	.26*	.18	.74***	.27*	.03	—	
	12 レイプ支持態度尺度	.06	-.19	-.18	.07	-.03	.32**	.05	.02	.53***	-.01	.19	—

注1 変化量＝ポストテスト2－プレテスト
注2 有意水準 $*p<.05$、$**p<.01$、$***p<.001$

Table 6-3-3 有罪・無罪の判断、量刑判断、レイプ支持態度尺度間の男女別相関表

		1	2	3	4	5	6	7	8	9	10	11	12
プレテスト	1 有罪・無罪判断	—	.56***	.38*	.86***	.53***	.44**	.70***	.49**	.38*	-.50**	.16	.11
	2 量刑判断	.43**	—	.24	.41*	.73***	.27	.41*	.65***	.21	-.25	-.02	.01
	3 レイプ支持態度尺度	.53***	.43**	—	.27	.11	.87***	.19	.22	.79***	-.28	-.08	-.05
ポストテスト1	4 有罪・無罪判断	.77***	.32	.49**	—	.58***	.29	.81***	.45**	.26	-.16	.23	.07
	5 量刑判断	.39*	.61***	.51**	.46**	—	.16	.49**	.82***	.11	-.11	.44**	.03
	6 レイプ支持態度尺度	.44**	.06	.76***	.59***	.50**	—	.17	.27	.95***	-.38*	.12	.39*
ポストテスト2	7 有罪・無罪判断	.71***	.19	.37*	.66***	.27	.36*	—	.40*	.14	.28	.17	-.02
	8 量刑判断	.40*	.57***	.51**	.34*	.92***	.43**	.33*	—	.24	-.17	.75***	.10
	9 レイプ支持態度尺度	.47**	.02	.67***	.50**	.42*	.89***	.45**	.40*	—	-.34*	.14	.58***
変化量[注1]	10 有罪・無罪判断	-.57***	-.37**	-.30	-.30	-.22	-.20	.18	-.17	-.13	—	-.01	-.17
	11 量刑判断	.14	-.12	.27	.15	.62***	.48**	.25	.75***	.47**	.09	—	.12
	12 レイプ支持態度尺度	-.02	-.48**	-.35*	.05	-.08	.22	.13	-.09	.47**	.18	.28	—

注1　変化量＝ポストテスト2－プレテスト
注2　有意水準　*p<.05, **p<.01, ***p<.001
注3　右上が男性、左下が女性

れ、ポストテスト2でも、有罪・無罪判断と量刑判断の間（$r = .40$、$p < .05$）には相関がみられた。しかし、ポストテスト1のレイプ支持態度と有罪・無罪判断の間（$r = .29$、*n.s.*）、レイプ支持態度と量刑判断の間（$r = .16$、*n.s.*）には有意な相関は見られず、ポストテスト2でもレイプ支持態度と有罪・無罪判断の間（$r = .14$、*n.s.*）、レイプ支持態度と量刑判断の間（$r = .24$、*n.s.*）に有意な相関は見られなかった。またレイプ支持態度の変化量と有罪・無罪判断の変化量の間（$r = -.17$、*n.s.*）、レイプ支持態度の変化量と量刑判断の変化量の間（$r = .12$、*n.s.*）には相関がみられなかった。

　女性では、プレテストにおいて、レイプ支持態度と有罪・無罪判断（$r = .53$、$p < .001$）、レイプ支持態度と量刑判断（$r = .43$、$p < .01$）、有罪・無罪判断と量刑判断（$r = .43$、$p < .01$）の間で有意な正の相関がみられた。そして、ポストテスト1とポストテスト2においても同様にレイプ支持態度と有罪・無罪判断の間（ポスト1：$r = .59$、$p < .001$; ポスト2：$r = .45$、$p < .01$）、レイプ支持態度と量刑判断の間（ポスト1：$r = .50$、$p < .01$; ポスト2：$r = .40$、$p < .05$）、有罪・無罪判断と量刑判断の間（ポスト1：$r = .46$、$p < .01$; ポスト2：$r = .33$、$p < .05$）での相関が有意であった。変化量については、男性と同様にレイプ支持態度の変化量と有罪・無罪判断の変化量の間（$r = .18$、*n.s.*）、レイプ支持態度の変化量と量刑判断の変化量の間（$r = .28$、*n.s.*）には相関がみられなかった。

　男女間で相関係数.20以上の差が見られたのは、ポストテスト1におけるレイプ支持態度と有罪・無罪判断の間の相関（男性：$r = .29$、*n.s.*、女性：$r = .59$、$p < .001$）、レイプ支持態度と量刑判断の間の相関（男性：$r = .16$, *n.s.*、女性：$r = .50$、$p < .01$）、ポストテスト2におけるレイプ支持態度と有罪・無罪判断の間の相関（男性：$r = .14$、*n.s.*、女性：$r = .45$、$p < .01$）であった。

教育内容×レイプ支持態度高低×測定時期による有罪・無罪判断の分散分析

　教育内容(5)×レイプ支持態度高低(2)×測定時期(3)による3要因の分散分析

Table 6-3-4 教育内容×RSAS H/L×測定時期による有罪・無罪判断の分散分析

教育内容	RSAS	n	測定時期 プレテスト M	SD	ポストテスト1 M	SD	ポストテスト2 M	SD	F 教育内容	RSAS	教育内容×RSAS	測定時期	教育内容×測定時期	RSAS×測定時期	教育内容×RSAS×測定時期	多重比較
男性																
AB	L	5	5.40	(1.14)	6.00	(1.00)	6.40	(.89)	1.87	1.93	.43	5.71***	.65	3.18*	.58	RSAS Lowのみ: プレ<ポスト2, ポスト1<ポスト2 (p<.05)
	H	5	6.00	(.71)	6.20	(.84)	6.40	(.89)								
BA	L	4	5.33	(.82)	5.67	(.82)	5.67	(.82)								
	H	4	5.25	(1.26)	5.50	(1.29)	5.50	(1.29)								
CA	L	3	5.67	(.58)	5.67	(.58)	6.33	(.58)								
	H	2	6.50	(.71)	7.00	(.00)	6.50	(.71)								
CB	L	3	6.00	(1.00)	6.00	(1.00)	6.33	(.58)								
	H	2	7.00	(.00)	7.00	(.00)	7.00	(.00)								
CC'	L	3	6.00	(1.00)	6.00	(1.00)	6.67	(.58)								
	H	2	6.50	(.71)	6.50	(.71)	6.50	(.71)								
女性																
AB	L	6	5.67	(.52)	6.17	(.75)	6.33	(.82)	.82	4.17	.26	9.46***	1.55	1.78	.45	プレ<ポスト2, ポスト1<ポスト2 (p<.05)
	H	4	6.25	(.96)	6.75	(.50)	6.75	(.50)								
BA	L	5	5.60	(.89)	5.40	(1.14)	6.40	(.89)								
	H	5	6.20	(.84)	6.20	(.84)	6.60	(.55)								
CA	L	3	6.00	(1.00)	5.33	(.58)	6.33	(1.15)								
	H	2	6.50	(.71)	6.50	(.71)	6.50	(.71)								
CB	L	3	6.33	(.58)	6.67	(.58)	7.00	(.00)								
	H	2	6.50	(.71)	6.50	(.71)	7.00	(.00)								
CC'	L	3	6.00	(1.00)	6.00	(1.00)	6.33	(.58)								
	H	2	7.00	(.00)	7.00	(.00)	7.00	(.00)								

注 L=RSAS Low（レイプ支持態度が強い）、H=RSAS High（レイプ支持態度が弱い）

*p<.05. **p<.01. ***p<.001

第6章　レイプ支持態度とレイプに関する教育的介入が判断に及ぼす影響（研究4）　115

を行った。プレテスト時点での有罪・無罪判断得点は教育内容の各条件間に差はなかった（$F_{(4、65)}=2.28$、$n.s.$）。プレテストのレイプ支持態度の高低を男女それぞれの上位50%と下位50%に分割し、それぞれRSAS High/RSAS Lowとした。結果をTable 6-3-4に示した。

　男性では、教育内容×レイプ支持態度高低×測定時期による3要因の交互作用は有意でなかった（$F_{(8、50)}=.58$、$n.s.$）。同様に教育内容×測定時期の交互作用も有意ではなかったが（$F_{(8、50)}=.65$、$n.s.$）、レイプ支持態度高低×測定時期の交互作用が有意であった（$F_{(2、50)}=3.18$、$p<.05$）。そこで各測定時期におけるRSASH/Lの単純主効果検定を行ったがいずれも有意ではなかった（プレ：$t_{(33)}=-1.49$、$n.s.$、ポスト1：$t_{(33)}=-1.39$、$n.s.$、ポスト2：$t_{(33)}=-.29$、$n.s.$）。次にRSASH/Lごとに測定時期の単純主効果検定を行ったところ、RSAS Highにおいて測定時期の主効果は有意ではなかったが（$F_{(2、28)}=2.47$、$n.s.$）、RSAS Lowにおいて測定時期の主効果が有意であった（$F_{(2、38)}=8.25$、$p<.001$）。Bonferroniの補正によって多重比較を行ったところ、プレテスト<ポストテスト2、ポストテスト1<ポストテスト2であった（$p<.05$）。すなわち、プレテスト時に被害者に非好意的な態度をもっていた男性のみ、ポストテスト1とポストテスト2、プレテストとポストテスト2の間で有意に有罪・無罪判断得点が増加したということが示された。

　女性では、教育内容×レイプ支持態度高低×測定時期による3要因の交互作用は有意でなかった（$F_{(8、50)}=.45$、$n.s.$）。同様に教育内容×測定時期の交互作用（$F_{(8、50)}=1.56$、$n.s.$）、レイプ支持態度高低×測定時期の交互作用も有意ではなかった（$F_{(2、50)}=1.78$、$n.s.$）。教育内容×レイプ支持態度高低の交互作用（$F_{(4、25)}=.26$、$n.s.$）、教育内容の主効果（$F_{(4、25)}=.82$、$n.s.$）、レイプ支持態度高低の主効果（$F_{(1、25)}=4.17$、$n.s.$）も有意ではなかった。測定時期の主効果のみが有意であった（$F_{(2、50)}=9.46$、$p<.001$）。多重比較を行ったところ、ポストテスト1とポストテスト

2、プレテストとポストテスト2の間で有意差がみられた（$p < .05$）。

　以上のことから、男性ではプレテスト時に被害者に非好意的な態度の者のみ、プレテスト、ポストテスト1よりもポストテスト2において、より確信をもって有罪であると判断するという変化がみられた。一方、女性においては、全体的にプレテスト、ポストテスト1よりもポストテスト2において、より確信をもって有罪であると判断するという変化がみられた。しかし、男性と女性いずれにおいても、教育的介入を行った群と統制群との間で差が見られなかったことから、教育的介入が有罪・無罪判断に及ぼす影響について明らかにならなかった。

教育内容×レイプ支持態度高低×測定時期による量刑判断の分散分析

　教育内容(5)×レイプ支持態度高低(2)×測定時期(3)による3要因の分散分析を行った。量刑判断では、有罪・無罪判断において「どちらでもない」の回答は、懲役0年として分析した。プレテスト時点での量刑判断得点は各条件間に差はなかった（$F_{(4, 65)} = 2.57$, $n.s.$）。結果をTable 6-3-5に示した。

　男性では、教育内容×レイプ支持態度高低×測定時期による3要因の交互作用は有意でなかった（$F_{(8, 50)} = 1.73$, $n.s.$）。同様に教育内容×測定時期の交互作用（$F_{(8, 50)} = 1.85$, $n.s.$）、レイプ支持態度高低×測定時期の交互作用も有意ではなかった（$F_{(2, 50)} = 1.13$, $n.s.$）。教育内容×レイプ支持態度高低の交互作用（$F_{(4, 25)} = 1.73$, $n.s.$）、教育内容の主効果（$F_{(4, 25)} = 1.78$, $n.s.$）、レイプ支持態度高低の主効果（$F_{(1, 25)} = .43$, $n.s.$）も有意ではなかった。測定時期の主効果のみが有意であった（$F_{(2, 50)} = 11.29$, $p < .001$）。Bonferroniの補正により多重比較を行ったところ、プレテスト（$M = 4.26$）＜ポストテスト1（$M = 5.10$）、プレテスト＜ポストテスト2（$M = 5.89$）、ポストテスト1＜ポストテスト2であった（$p < .05$）。

　女性では、教育内容×レイプ支持態度高低×測定時期による3要因の交互作用は有意でなかった（$F_{(8, 50)} = .99$, $n.s.$）。同様に教育内容×測定時

Table 6-3-5　教育内容×RSAS H/L×測定時期による量刑判断の分散分析

教育内容	RSAS	n	プレテスト M	SD	ポストテスト1 M	SD	ポストテスト2 M	SD	教育内容	RSAS	教育内容×RSAS	測定時期	教育内容×測定時期	RSAS×測定時期	教育内容×RSAS×測定時期	多重比較
男性																
AB	L	5	2.80	(1.64)	4.80	(2.05)	4.40	(2.19)	1.73	1.78	.43	11.29***	1.85	1.13	1.73	プレ<ポスト1、
	H	5	3.80	(1.10)	5.40	(.89)	6.20	(1.10)								プレ<ポスト2、
BA	L	6	4.42	(3.64)	5.33	(2.66)	5.67	(2.58)								ポスト1<ポスト2
	H	4	2.25	(1.50)	3.00	(2.45)	3.50	(3.32)								
CA	L	3	3.83	(2.02)	3.83	(2.02)	5.00	(1.73)								
	H	2	4.00	(1.41)	5.50	(3.54)	4.50	(2.12)								
CB	L	3	5.00	(1.73)	4.67	(1.15)	5.67	(.58)								
	H	2	6.50	(2.12)	7.50	(3.54)	13.00	(9.90)								
CC'	L	3	5.00	(1.00)	6.00	(2.00)	6.00	(2.00)								
	H	2	5.00	(1.41)	5.00	(1.41)	5.00	(1.41)								
女性																
AB	L	6	3.58	(1.63)	3.83	(1.17)	4.33	(1.21)	.44	4.92*	.77	8.16***	1.51	2.77	.99	RSAS Low < RSAS High
	H	4	4.75	(.96)	8.75	(4.79)	8.75	(4.79)								プレ<ポスト2、
BA	L	5	3.60	(2.27)	3.20	(2.17)	4.40	(1.52)								ポスト1<ポスト2
	H	5	5.20	(1.10)	7.00	(2.83)	7.20	(2.68)								
CA	L	3	4.33	(.58)	3.67	(1.15)	5.00	(1.73)								
	H	2	5.00	(.00)	5.00	(.00)	5.50	(.71)								
CB	L	3	5.33	(.58)	5.33	(.58)	6.33	(1.53)								
	H	3	5.00	(1.41)	5.50	(.71)	8.00	(.00)								
CC'	L	3	5.67	(3.79)	5.67	(3.79)	6.00	(3.46)								
	H	2	6.50	(2.12)	6.50	(2.12)	6.50	(2.12)								

注　L=RSAS Low（レイプ支持態度が強い）、H=RSAS High（レイプ支持態度が弱い）

*$p<.05$, **$p<.01$, ***$p<.001$

期の交互作用（$F_{(8, 50)} = 1.51$、n.s.）、レイプ支持態度高低×測定時期の交互作用も有意ではなかった（$F_{(2, 50)} = 2.77$、n.s.）。測定時期の主効果のみ有意であった（$F_{(2, 50)} = 8.16$、$p < .001$）。Bonferroniの補正により多重比較を行ったところ、プレテスト（$M = 4.90$）＜ポストテスト2（$M = 6.20$）、ポストテスト1（$M = 5.45$）＜ポストテスト2であった（$p < .05$）。教育内容×レイプ支持態度高低の交互作用（$F_{(4, 25)} = .77$、n.s.）、教育内容の主効果も有意でなかったが（$F_{(4, 25)} = .44$、n.s.）、レイプ支持態度高低の主効果が有意であった（$F_{(1, 25)} = 4.92$、$p < .05$）。RSAS Low（$M = 4.69$）＜RSAS High（$M = 6.34$）であった（$p < .05$）。

　以上のことから、男性では測定時期の主効果のみ有意であり、プレテストよりもポストテスト1、ポストテスト1よりもポストテスト2において、より加害者に長い懲役を課すように判断の変化が認められた。女性でもプレテスト、ポストテスト1よりもポストテスト2において、より加害者に長い懲役を課すように判断の変化が認められた。また女性ではレイプ支持態度の主効果も有意であり、被害者に対して非好意的な態度の女性は、好意的態度の女性よりも、量刑を軽くすることが示された。しかし、男性と女性いずれにおいても、教育的介入を行った群と統制群との間で差が見られなかったことから、教育的介入が量刑判断に及ぼす影響について明らかにならなかった。

レイプ支持態度に対する教育的介入の効果

　プレテスト時点で教育内容の各条件間にレイプ支持態度得点の差はなかった（$F_{(4, 65)} = 1.69$、n.s.）。教育内容(5)×測定時期(3)による2要因の分散分析を行って、レイプ支持態度に対する教育的介入の効果について検討した。結果をTable 6-3-6に示した。

　男性では、教育内容×測定時期の交互作用は有意ではなく、測定時期の主効果のみ有意であった（$F_{(2, 60)} = 19.17$、$p < .001$）。多重比較を行ったところ、プレテスト、ポストテスト1、ポストテスト2のすべての組み合わせ

Table 6-3-6　教育内容×測定時期によるレイプ支持態度の分散分析

測定時期	教育内容										教育内容	測定時期	教育内容×測定時期	多重比較
	AB n=10		BA n=10		CA n=5		CB n=5		CC' n=5		F			
	M	SD	M	SD	M	SD	M	SD	M	SD				
男性														
プレテスト	3.65	(.52)	3.75	(.37)	3.87	(.68)	3.89	(.37)	3.95	(.61)	.07	19.17***	.90	プレ<ポスト1<ポスト2
ポストテスト1	4.00	(.82)	3.90	(.41)	3.94	(.63)	3.94	(.40)	4.09	(.50)				
ポストテスト2	4.12	(.92)	4.13	(.46)	4.16	(.55)	4.15	(.30)	4.15	(.48)				
効果量 (d)	.65		.92		.48		.77		.37					
女性														
プレテスト	3.55	(.49)	3.72	(.32)	3.81	(.31)	4.07	(.52)	3.87	(.25)	.26	29.99***	4.08***	AB：プレ<ポスト1, プレ<ポスト2
ポストテスト1	4.05	(.62)	3.89	(.35)	3.92	(.46)	4.07	(.39)	4.05	(.25)				BA：ポスト1<ポスト2, プレ<ポスト2
ポストテスト2	4.15	(.60)	4.11	(.28)	4.32	(.50)	4.21	(.25)	3.96	(.19)				CA：ポスト1<ポスト2
効果量 (d)	1.49		.71		1.31		.48		.43					CB：プレ<ポスト2

*$p<.05$, **$p<.01$, ***$p<.001$

で有意な得点の増加が認められた（$p<.05$）。

　女性では、教育内容×測定時期の交互作用が有意であった（F（8、60）＝4.08、$p<.001$）。各教育内容における単純主効果検定の結果、教材AB条件では、プレテストとポストテスト1、プレテストとポストテスト2の間で有意な得点の増加が認められた（F（2、18）＝23.74、$p<.001$）。教材BA条件では、プレテストとポストテスト2、ポストテスト1とポストテスト2の間で有意な得点の増加が認められた（F（2、18）＝9.02、$p<.01$）。教材CA条件では、ポストテスト1とポストテスト2の間に有意な得点の増加が認められた（F（2、8）＝13.81、$p<.01$）。教材CB条件では、プレテストとポストテスト2の間に有意な得点の増加が認められた（F（2、8）＝6.00、$p<.05$）。教材CC'条件においては、有意な得点の増加は認められなかった。各測定時期における単純主効果検定では、各条件間に有意差は認められなかった。

　以上をまとめると、男性では測定時期の主効果のみ有意であり、プレテストよりもポストテスト1、ポストテスト2において、レイプ支持態度がより被害者に対して好意的な態度に変容したことが示されたが、教育内容による効果の違いは明らかにならなかった。女性では、教材A提示前後では有意にレイプ支持態度得点の増加が示された。教材Bのみを読んだCB群でもプレテストとポストテスト2の間では有意な得点の増加が認められた。一方、教材CC'群（統制条件）では、プレテストとポストテスト1、ポストテスト2の得点差は有意ではなかった。したがって、女性においては教材Aまたは教材Bの読後にレイプ支持態度がより被害者に対して好意的な態度に変容したことが示唆された。

有罪・無罪判断、量刑判断の理由について

　有罪・無罪判断と量刑判断の理由について、プレテスト、ポストテスト1、ポストテスト2のそれぞれの測定時期において、自由記述で回答を求めた。それらの内容について抜粋して述べる。

第6章　レイプ支持態度とレイプに関する教育的介入が判断に及ぼす影響（研究4）　　121

　まず有罪・無罪判断について、プレテストでは、裁判長からの説示とし
て、暴行・脅迫があること、女性の意思に反していること、姦淫を遂げてい
ることの3点が強姦罪 (注) の成立条件であると記載されていたこともあり、
有罪・無罪判断の理由として、これらの条件を満たしているか否かが説明さ
れているものが最も多かった。たとえば有罪判断の理由としては、『身体に
覆いかぶさり、強い力で押さえつける行為は、被害者の抵抗を著しく困難に
し、また被害者の抵抗した文脈からも、その程度から意思に反していると考
えるのが適当と思われる。(AB条件RSAS Low男性)』、『Aは最終的には抵抗を
やめたが、それは "受容" ではなく "あきらめ" であったと判断した。これ
は被害者の抵抗が困難になったためと考えられる。また、最初にはっきりと
「やめてください」と意思表明しており、この行為は女性の意思に反してい
た。(BA条件RSAS High男性)』、『Aが最後には抵抗をやめたのには、抵抗し
ても相手に勝てないと判断してやめたのであり、Xに性交渉を同意したとは
取れない。Aは「やめてください」ときちんと伝え、抵抗も見せたため、き
ちんと意思表示もしている。Xは性交渉を持ちたいならAに事前に確認を取
るべきである。(CA条件RSAS Low女性)』などである。またどちらともいえ
ないと判断した者の自由記述は、『引っ掻くなどの行為だけでは、性交渉の
際にエスカレートしたものかもしれず、決め手にはならない。しかし、最初
から同意があったともいえず（部屋に入ろうとしたところを抱きついた）どちら
ともいえない。また、大声を出すなどした近隣住民に知らせる手だてがあっ
たろうがそれをしていない。このことは女性側が同意していたのか、男性か
ら脅されていたのかわからない。そのため、これだけの情報では強姦である
のか、もしくは同意の上であるが事後に不安になったのかということは判断
することができず、自分が裁判員だった場面には判断をためらってしまう。
(BA条件RSAS Low男性)』、『検察の主張する暴行が「強い力でおさえつけ」
にあたるのか、抵抗が困難になるようなものであったかがわからない。（中
略）どうして抵抗をやめたのか次第で変わる。(BA条件RSAS High男性)』など

である。

　教材を読んで有罪・無罪判断が変化した者の自由記述についてみてみると、有罪の確信を強めた理由について言及しているものはなかった。提示されている証拠はポストテストでも変わりないため、プレテストにおける判断理由と同様であるという回答が多数であった。

　次に量刑判断の理由については、過去4−5年の懲役刑を科した例が多いことをあらかじめ記載してあったことから、これを参考に判断した者が多かった。『量刑判断については過去の例を参考とした判断をした。(AB条件RSAS High男性)』というものである。また特に悪質な犯行とはいえないということから、3年とした者もいた。『Xは、暴行は加えておらず、Aに外傷がないことから、最低限の3年とした。しかし同情の余地はないと判断した。(BA条件RSAS High男性)』などである。それ以外には、被害女性の精神的影響について言及するもの、加害男性の責任について言及するものなどがある。たとえば、『裏切り、暴力、恐怖などAの心的、身体的なダメージから考えると、刑は3年では軽いと思うため、5年間が妥当である。(CB条件RSAS Low女性)』、『隣人からの犯罪は女性から安心した生活をうばい、量刑は重くすべきだと考えた。(BA条件RSAS High女性)』などである。

　またAの落ち度やXとAの関係性について言及するものもある。たとえば、『(Aが)最終的には応じているから3年くらいが妥当ではないのかと思う。(BA条件RSAS Low男性)』、『XとAは顔見知りで、Aも少なからず好意があったと考えられるため、刑を1.5年として反省の余地を与える。(AB条件RSAS Low女性)』、『X-A間において親しい関係が見えることもあり、Xの気持ちとAの気持ちには一定程度の親密さがあった。したがって、真に拒んでいるとははっきりと言い切れない部分もあったのは否めない。したがって酌量した結果、求刑5年の判決と考える。(CA条件RSAS Low男性)』。

　また、教材を読んで判断が変化した者の自由記述についてみてみると、プレテストで懲役5年と回答し、教材ABを読んだのちのポストテスト2で懲

役8年と回答した男性は、『親しくしていた隣人に会話の最中に強姦されるという恐怖は被害者に心と体の両方に大きなショックを与えるものであるから、懲役8年が相当である。』と被害者への影響の深刻さにふれている。BA条件の女性はポストテスト2において、『「また被害にあうのではないか」と犯人逮捕後も、安心した生活を送ることは難しくなると考えられる。よって量刑は検察官主張の6年よりも重くすべきだと判断した。』と述べている。プレテストで有罪無罪どちらともいえないと回答した男性は、教材BAを読んだのちのポストテストで有罪判断をし、懲役6年と回答した。その理由を『Aだけではなくほかの女性にも不安を与えた結果となった（BA条件RSAS Low男性）』としている。

　また統制群であるCC'条件において、有罪・無罪判断と量刑判断の両方の変化が見られた回答者が1名、有罪・無罪判断の変化が見られた回答者が1名、量刑判断の変化が見られた回答者が1名いた。有罪・無罪判断と量刑判断の両方の変化が見られた女性（RSAS Low）は、『性交渉をもちたいという動機のもとでAさんの帰り際を待つなど犯行が計画的なので。』と述べ、ポストテスト2において有罪の確信と懲役年数が増加している。また有罪に対する確信が強まった男性（RSAS Low）は、プレテストからポストテスト2まで一貫して「性交渉を持ちたいという欲求を一方的に満たそうとしたXの行為は許されるものではない」と述べ、判断理由の変化は認められなかった。量刑の変化が見られた男性（RSAS Low）は、ポストテスト1において、「重い刑期を科すことによって、自分が行ってしまったことに対しての罪の深さを実感させる」と述べている。

4．考　　察

　本研究の目的はレイプに関する教育的介入とレイプ支持態度がデートレイプの判断に及ぼす影響について明らかにすることであった。

有罪・無罪判断に対する教育的介入とレイプ支持態度の影響

　結果から、被害者に非好意的な態度の男性において、プレテスト、ポスト
テスト1よりもポストテスト2において、有罪確信度が強まるという変化が
みられた。一方、女性においては、プレテスト、ポストテスト1よりもポス
トテスト2において、有罪確信度が強まるという変化がみられた。しかし、
男性と女性いずれにおいても、教育的介入群と統制群との間で差が見られな
かったことから、教育的介入による効果は明らかにならなかった。そのため
研究に参加し質問紙に回答することによる効果があったと考えられる。質問
紙に回答する際、裁判員として熟考を重ねることにより、デートレイプの認
識を高める可能性がある。

　プレテスト時に被害者に非好意的態度であった男性にのみ変化が認められ
たことの理由として、レイプ支持態度に含まれる『強姦と男性の生理的欲
求』の視点から考えてみたい。レイプが非常に稀で日常的に起こるものでは
ないという誤った信念をもつ判断者においては、レイプ加害者は性的に逸脱
した特異な人物、ないしは犯罪者であるというイメージをもっている可能性
がある。そのため、ひとたび "レイプ加害者" と認識すれば、自分とは違う
存在、自分とは関係のない存在として心理的に切り離し、有罪の確信を強く
していくことも考えられる。

　また男女ともに教育的介入の効果が明らかにならなかったことについて、
有罪判断への動機づけがあったのではないかという視点からも考えることが
できる。米国の陪審制と比較してしばしば批判されているが、日本の裁判員
裁判では、同じ裁判員が有罪無罪の事実認定だけでなく、量刑の判断も行う
(黒沢, 2005)。今回の実験に用いた質問紙は、有罪無罪判断のすぐ下の欄に
量刑を回答させる形式であった。ポストテストでは、有罪無罪判断のあとに
量刑の判断をすることがすでにわかっている状態である。そのため、量刑判
断を行うことが前提となり、有罪判断への動機づけが高まったことが考えら
れる。これは黒沢（2005）も指摘するように、事実認定に争いのある事件で

共に量刑の議論をすべきでない、ということを示しているかもしれない。「無罪の推定」ができなくなる可能性があるからである。

　また、実際の裁判員裁判では裁判官と裁判員の合議制がとられるが、今回の実験ではすべて参加者一人で判断を行わなくてはいけなかった。デートレイプの判断に関する研究が国内でほとんど行われていない状況をふまえると、多くの参加者はレイプかどうかの判断を行うこと自体初めての経験であったと考えられる。そのような実験状況の中で繰り返し同じ事例に対する判断を求められ、自身の判断に適合する情報に注目しやすくなる確証バイアスが生じた可能性がある。裁判長からの説示として提示した強姦罪[注]の判断基準を熟読し、それにあてはまる箇所を確認することで、より確信をもって有罪であると判断するようになったと考えると、必ずしも肯定的な変化と言いきれないため、今後の検討が必要である。

量刑判断に対する教育的介入とレイプ支持態度の影響

　結果から、男性では全体にプレテストよりもポストテスト１、ポストテスト１よりもポストテスト２において、より加害者に長い懲役を課すという変化が認められた。女性でもプレテスト、ポストテスト１よりもポストテスト２において、より加害者に長い懲役を課すという変化が認められた。また女性では被害者に非好意的な態度をもつ者は懲役年数が短いことが示された。しかし、男性と女性いずれにおいても、教育的介入を行った群と統制群との間で差が見られなかったことから、教育的介入が量刑判断に及ぼす影響について明らかにならなかった。

　男性では回答するたびに懲役年数を増やしていったことになる。質問紙への回答による教育効果としてレイプ加害者の責任を重く受けとめていることが推測される。女性も三回目の回答において、それまでよりも長い懲役を課していることから、同じ事例を読み返していくうちに加害者には重い罰を与える必要があると判断していったと考えられる。ただ、判断の理由に関する

自由記述からは、被害者の心情や精神的影響の深刻さについての言及もあり、教材の内容が量刑判断に与える影響についても全くないとはいえないだろう。統制群において懲役年数が増えたことについては、判断理由を参照して考えると、何度も判断を行うことによって、加害者に対して反省を求める気持ちが高まることが一つの要因であると推察された。

　また女性ではレイプ支持態度による量刑の長さの違いがみられた。被害者に好意的な態度の女性は平均6.34年の懲役刑を希望していたのに対し、被害者に非好意的な女性は平均4.69年の懲役刑を希望していた。これは男性のプレテストの平均値4.90年よりも短い年数であり、裁判長の説諭として提示した量刑相場を基準に検討されていたと考えられる。一般に市民による素朴量刑判断は、実際の判決よりも厳しい傾向にあることが指摘されている（伊田, 2009）。しかし、被害者に非好意的な態度の者は、レイプの原因を被害者の言動に帰属する傾向にあるため、加害者への懲罰意識が低かったと考えられる。

レイプ支持態度に対する教育効果

　男性ではテストに回答するごとに、レイプ支持態度がより被害者に対して好意的な態度に変容したことが示されたが、レイプに関する教育的介入を行っていない統制群との差はみられず、レイプに関する教育的介入の効果は立証されなかった。教材の内容にかかわらずレイプ支持態度が変容するとすれば、先行研究で言われているほど強固な信念ではないという可能性がある。もしレイプ支持態度が変わりやすい性質をもったものであるならば、被害者非難の方向への態度移行も簡単に起こってしまう可能性がある。Heppner et al.（1995）の先行研究では、大学生に対するレイプに関する教育的介入がレイプ支持態度の変容に及ぼす効果を検証し、教育的介入をどのように体験しているか、態度がどのように変化したか、フォローアップテストの結果について、男性と女性では違っていたことを示している。男性は教育

第6章　レイプ支持態度とレイプに関する教育的介入が判断に及ぼす影響（研究4）　127

的介入の実施者の専門性や魅力、信頼性などの周辺的な手がかりに基づいた態度変容であり、2ヶ月後のフォローアップテストではプレテスト時点の得点に戻り、一過性の効果であったことを示している。男性に対する介入は教材をただ提示すれば良いということではなく、そこでどのような気づきがあったかというところまでをきちんとフォローできるようなものでなければならないといえる。自分の意見や考え、感情などを表現しあってディスカッションをするなど自己完結しないようにすることが必要であると考えられる。

　一方、女性では、レイプ支持態度に反対する啓発教材である教材Aを読む前後では有意にレイプ支持態度得点が高くなったことが示され、被害者の手記である教材Bだけを読んだCB群でもプレテストとポストテスト2の間では有意な得点の増加が認められた。統制群では、プレテストとポストテスト1、ポストテスト2の得点差は有意ではなかったため、教材Aまたは教材Bを読んだ後にレイプ支持態度がより被害者に対して好意的な態度に変容したことが示唆された。この結果は、女性回答者においてレイプ支持態度の変容に対する教育的介入の効果を示すものである。前述のHeppner et al.（1995）の先行研究では、男性よりも女性のほうが教育的介入によって、より本質的な態度変容が生じていることが示唆されており、フォローアップテストまで効果が持続していた。本研究においても同様の結果が示されたことから、レイプ支持態度の変容に対して、教育的介入が効果的であることが示唆された。

本研究のまとめと限界

　以上のことから、本研究では以下のことが明らかになった。1）被害者に非好意的な態度の男性は、判断の機会を追うごとに、確信をもって有罪と判断するようになる。女性はレイプ支持態度に関係なく、判断の機会を追うごとに確信をもって有罪と判断するようになる。2）被害者に非好意的な女性

は、被害者に好意的な女性よりも加害者に課す懲役の長さが短い。また男女とも量刑判断の機会を追うごとに、加害者に長い懲役を課すようになる。
3）レイプ支持態度に関する啓発教材と被害者の手記は、女性のレイプ支持態度の変容に効果を示した。

　本研究の限界として、判断のプロセスについて詳細に明らかにすることができなかったため、なぜ回数を重ねるごとに有罪判断がより確信をもってなされるようになるのか、なぜ重い量刑を課すようになるのかということについての問題が残された。今後はその点について質的な検討を行うことによって、実際の裁判のプロセスの理解を深めることが重要であろう。

　また実験状況において実験者と参加者の意識・無意識レベルでの相互作用が実験結果にバイアスをもたらすことが知られている。実験者が女性であることなどは、レイプ被害者に好意的な回答が求められているのではないかと感じさせた可能性がある。また研究者と実験者が同一人物であることを伝えていたため、無記名とはいえ研究者にとって望ましいであろう結果を引き出させた可能性もある。したがって、今後の研究では、男性の実験者との比較など実験状況をより厳密に統制して行くことが必要であろう。

（注）：2017年に刑法改正によって、強姦罪は強制性交等罪と名称が変更され、一部の構成要件と法定刑の見直しが行われたが、ここでは本研究が行われた2011年当時での名称で掲載した。

第7章　総合的考察

1．デートレイプの判断に影響を及ぼす要因
：レイプ支持態度と男女差の観点から

1.1　レイプ支持態度の観点からみたデートレイプの判断

　本論文の目的は、レイプ支持態度がデートレイプの判断に及ぼす影響について検討することであった。各研究の結果についてまとめる。

　【研究1】ではレイプ支持態度の要因を検討していないので割愛する。

　【研究2】では、加害者の強要戦術と被害者の心情の描写を含むデートレイプシナリオを用いて、デートレイプの判断にレイプ支持態度が及ぼす影響について検討した。その結果、レイプ支持態度において被害者に非好意的な態度をもつ者は、好意的な態度をもつ者に比べて、男女ともに、デートレイプの被害者には出来事に対する責任があり、デートレイプと判断せず、被害者の精神的影響は小さいと判断することが明らかになった。また女性の判断者においては、被害者に対して好意的な態度の者は、非好意的な態度の者よりも、被害者に対して同情を示した。男性の判断者においては、レイプ支持態度と状況要因との交互作用があり、ことばによる強制のシナリオ、罪悪感が描写されるシナリオでは、被害者に対して好意的な態度の者は、非好意的な態度の者よりも、被害者に対して同情を示すことが明らかになった。

　【研究3】では、判断者の立場とレイプ支持態度が判断に及ぼす影響について検討した。加害者と友人の立場にあり被害者に非好意的な態度をもつ男性は、被害者と友人の立場にあり被害者に好意的な態度をもつ男性と比べ

て、被害者に責任があり、同情を示さず、デートレイプと判断しなかった。また、被害者と友人の立場にあり被害者に非好意的な態度をもつ男性も、好意的な態度をもつ男性と比べて、デートレイプと判断せず、被害者の精神的影響を小さいと判断することが明らかになった。また加害者と友人の立場で被害者に対する非好意的な態度をもつ女性は、被害者に好意的な態度をもつ女性と比べて、被害者に責任があり、同情を示さず、デートレイプと判断しないことが示された。

【研究4】では、レイプに関する教育的介入とレイプ支持態度が模擬裁判員の判断に及ぼす影響について検討した。被害者に対して非好意的な態度をもつ男性において、判断の機会を追うごとに有罪への確信が強まることが示された。また被害者に対して非好意的な態度をもつ女性は、好意的な態度の女性よりも加害者に課す懲役年数が短いことが示された。

以上の結果から、デートレイプの判断にレイプ支持態度が影響を及ぼしていることが改めて確認されたが、その影響の仕方は判断者の立場によって変化すると考えられる。判断者が被害者や加害者と関わりのない第三者である場合（研究2）、判断者が被害者または加害者と親しい関係にある場合（研究3）、判断者が模擬裁判員である場合（研究4）のそれぞれで特徴が示されている。判断者が第三者である場合には、レイプ支持態度において被害者に好意的／非好意的な態度であるかどうかが、デートレイプの判断をはじめとして、被害者の責任判断や精神的影響の予測などに明らかに反映されていた。しかし、判断者が被害者または加害者と親しい関係にある場合には、被害者への好意的／非好意的態度だけでなく、対象者との関係も判断に影響することが示唆された。模擬裁判員の立場での有罪・無罪の判断、量刑判断においては、被害者に好意的／非好意的な態度であるかどうかの影響は部分的であることが示された。したがって、デートレイプの判断においては、判断者のレイプ支持態度とともに、判断者がおかれている立場について検討することが重要であると言える。

1.2 デートレイプの判断における男女差

　本論文のもう一つの目的は、デートレイプの判断における男女差について検討することであった。男女差の視点から各研究の結果についてまとめる。

　【研究1】では、強要と同意の判断について順序構造分析により探索的に検討した。その結果、男性の判断者は強要戦術の種類によって強要かどうかを判断するが、女性の判断者はことばによる強制のエピソードに対する捉え方や評価に個人差があることが推察された。また同意の判断については、男性の判断者は同意に至る女性側の心情に対する受け取り方に個人差があることが推察された。女性の判断者においてはKelly（1987 喜多訳 2001）の「性暴力の連続体」のような順序構造が見出された。

　【研究2】では、男性の判断者は女性の判断者よりもデートレイプの被害者が出来事に対して統制可能であると評価しており、そのような行為は許されると考えていた。また男性の判断者において、被害者の心情（相手に嫌われるかもしれないという不安）が描写されるシナリオは、ことばによる強制のシナリオよりも、デートレイプと判断されていた。女性の判断者においては、加害者による暴力の脅しが描写されるシナリオは、ことばによる強制のシナリオよりも、被害者に責任がないと判断されていた。一方で、男女ともに、レイプ支持態度において被害者に非好意的な態度をもつ者は、好意的な態度をもつ者に比べて、デートレイプの被害者には出来事に対する責任があり、デートレイプと判断せず、被害者の精神的影響は小さいと評価することについては共通していた。

　【研究3】では、男性の判断者は女性の判断者よりもその行為は許されると考えていた。一方で、男女ともに加害者と友人の立場にあり被害者に非好意的な態度をもつ者が、被害者に責任があり、同情を示さず、デートレイプと判断しないことについては共通していた。

　【研究4】では、被害者に対して非好意的な態度をもつ男性において、判

断の機会を追うごとに有罪への確信が強まることが示された。女性の判断者はレイプ支持態度によらず、判断の機会を追うごとに有罪への確信が強まることが示された。また被害者に対して非好意的な態度をもつ女性は、好意的な態度の女性よりも加害者に課す懲役年数が短いことが示されたが、男性の判断者はレイプ支持態度によらず、判断の機会を追うごとに加害者の懲役年数が長くなることが示された。一方で、各測定時期における有罪・無罪の判断および懲役年数について男女差は認められなかった。

　以上のことから、デートレイプの判断における男女差は、デートレイプ状況の要因を含めて検討することにより立ち現れてくると考えられる。状況要因について検討した場合（研究1、研究2）と検討しない場合（研究3、研究4）では、前者における強要戦術と被害者の心情に対する評価には男女の視点の違いが現れている。【研究1】の結果において、男性は強要戦術の判断には判断者間でのばらつきが少ないのに対し、同意の判断にはばらつきが大きいことが推察されていた。【研究2】では、やはり同意に至る女性側の心情の描写によってデートレイプの判断に差がみられるという結果になった。一方、女性は、【研究1】において強要戦術の判断のほうに判断者間のばらつきが大きく、同意の判断にはまとまりがあったが、【研究2】ではやはり強要戦術によって被害者の責任判断に差がみられるという結果であった。判断者が同性の登場人物に同一化すれば、相手の意図や心情は想像する他ない。「被害者・加害者と関わりのない第三者」ではなく、「自分」の立場で判断することになる。その受けとめ方に個人差が生じるのは当然であろう。デートレイプ状況の要因を検討しなかった【研究3】、【研究4】では、判断者の立場を統制することにより、登場人物への同一化が抑制されたと考えられる。

　したがって、デートレイプの判断においては、判断者の性別とともに、デートレイプ状況の要因、そして判断者の立場について検討することが必要であると言えよう。

1.3 デートレイプの判断に関する研究結果の臨床心理学的
応用可能性

このように判断者のレイプ支持態度と性別、おかれている立場、および状況要因がデートレイプの判断に影響を及ぼすことを明らかにした本研究は、レイプを容認する価値観が社会的に認められていることの問題を改めて指摘するとともに、それに対する介入の必要性を示すものである。問題部分で述べたように、まず被害者自身がレイプであると認識することが重要である。これは被害の潜在化を防ぎ、再被害のリスクを減ずるために必要である。デートレイプを顕在化させることによって、必要な心理支援を提供し、被害者をエンパワーメントすることが重要である。また被害者の周囲の人々が被害者に対してサポーティブな態度へと変容することによって、適切な資源を提供し被害者を孤立無援の状態にしないということは重要である。さらに裁判員裁判において、デートレイプがレイプと認められるようになることは社会的に大きな意味がある。裁判でデートレイプが有罪になるということ自体が、被害者やその家族などの周囲の者にとってその後の人生に大きく影響する出来事である。その意味で、本研究で確認された知見は、臨床心理学的な応用可能性を有している。

2．本研究の臨床心理学的、コミュニティ心理学的意義

2.1 デートレイプの判断におけるレイプ支持態度の影響に関する
研究の臨床心理学的・コミュニティ心理学的意義

本研究はデートレイプの予防教育において、レイプ支持態度が被害者に対して好意的な態度に変容することに焦点をあてることが重要であるということを、改めて示した。さらに、予防教育の対象者がどのような立場であるか

を想定した内容にすることが必要である。予防教育の重要性については、井上 (2004) のマクロ・カウンセリングの枠組み、およびLewis et al. (2003 井上監訳 2006) のコミュニティ・カウンセリングの枠組みにおいて強調されている。

本研究の【研究4】では、レイプ支持態度を低減させることを目的とした複数の教材を用いたが、その中でも女性関連団体が作成したレイプに関する啓発教材が、女性の判断者におけるレイプ支持態度の変容に効果的であることが示唆された。Gray (2006) は、「レイプ神話」に関するガイダンスがデートレイプの判断に反映されるかどうか検証した。単回のガイダンスで「レイプ神話」に対しての支持・反対を明確に示し、説得的なガイダンスによって、レイプ神話に対しての支持または反対の態度変容を促したものであり、本研究で示された被害者に対する好意的な態度への態度変容もこの先行研究を支持する結果であろう。

このような方法での予防教育は、大学において一度に多くの学生が参加するような一次予防カウンセリング (Lewis et al., 2003 井上監訳 2006) として有用であると考えられる。予防はコミュニティ・カウンセリングモデルにおいて強調されており、問題が起こる前に教育的に行われる予防カウンセリングは、個人に対する直接的サービスであると同時に、人々の生活の影響を与える社会環境の変化に焦点を当てる間接的サービスでもあるため、個人カウンセリングサービスと同程度に重要である。この場合、対象者は加害・被害の当事者になりうるし、当事者の友人にもなりうるということを想定した内容になるだろう。

また、二次予防も重要である。二次予防は、早い段階で問題を見定めてその人々に限って対処することである (Lewis et al., 2003 井上監訳 2006)。例えば、レイプが発生し、最初に対応する警察や医療機関関係者への教育があげられる。日本におけるこのような教育プログラムの開発・実施やその評価に関する研究報告はごくわずかであるが、片岡 (2004) は、性暴力被害に関す

る看護者への教育プログラムを開発・実施し、その効果を評価することを目的とした介入研究を行っている。結果として、教育プログラムが、看護者のレイプ支持態度をより被害者に好意的なものに変化させ、性暴力被害者への看護の理解を高めるのに効果的であったことを報告している。このような看護者への教育プログラムの開発と実施に対しても、本研究で得られたデートレイプの判断に関する知見を用いることが可能であろう。このような介入は、被害者が直接かかわるマイクロ・システムとメゾ・システムへの介入であり、マクロ・カウンセリング（井上, 2004）で提唱されているカウンセラーの多面的役割のうち、ファシリテーターとしての役割、仲介者・媒介者としての役割にあたると考えられる。

　以上のように、本研究はレイプ支持態度が被害者に対して好意的な態度に変容するための予防教育の重要性を示したという点で臨床心理学的、コミュニティ心理学的な意義を有すると考える。

2.2　デートレイプの判断における男女差の臨床心理学的・コミュニティ心理学的意義

　本研究においては、デートレイプの判断における男女差は、加害者からの精神的圧力などによって、被害者が性行為に応じざるをえないというような状況要因や判断者の立場の要因を検討することにより、明らかになった。このことは男性と女性のそれぞれの価値観やものの見方に配慮することの重要性を示していると考えられ、コミュニティ心理学的なアプローチの必要性を示している。

　先行研究では、一般の大学生男女を対象として、レイプ予防のための教育的介入が行われている。男女が一緒に行うロールプレイやディスカッション（Fay & Medway, 2006; Rosenthal, Heesacker, & Neimeyer, 1995）、参加型のデートレイプドラマ（Heppner et al., 1995）などが報告されている。Heppner et al. (1995) の大学におけるデートレイプ予防プログラムでは、レイプ支持態度、

レイプに関する知識、女性の安全プロジェクトへのボランティア参加意思を
アウトカム変数として検討した。男女混合で行われる参加型のデートレイプ
ドラマへの参加と説得的なビデオ教材を比較したところ、参加型ドラマを実
施した群のほうが、精緻化見込みモデル（Petty & Cacioppo, 1986）における熟
考モードでの態度変容が生じたことを示している。レイプ支持態度の変化に
ついて教育内容による差はなかったが、知識とボランティア参加意思におい
ては、参加型ドラマを実施した群により大きな効果がみられている。また、
Lonsway & Kothari（2000）は、デートレイプの知識を提供し、男女が一緒
にグループ・ディスカッションを行う顔見知りからのレイプ予防プログラム
を行って、レイプ支持態度とデートレイプの判断の変容に効果が認められた
ことを報告している。本研究では、ことばによる強制などの身体的暴力のな
いデートレイプにおいて、男性の判断者と女性の判断者には判断の違いが明
らかになったことから、このようなことばによるデートレイプについて、男
女の認識の差や価値観の差というものに配慮したプログラムを実施すること
が必要であると考えられる。

3．デートレイプに対する包括的な心理支援システムの構築に向けて

3．1　RESPECTFUL（人間尊重）カウンセリングに基づくデート
レイプに対する包括的心理支援のあり方の検討

　前項では、デートレイプの判断におけるレイプ支持態度変容と男女差をふ
まえた介入の必要性について述べた。そして本項では、RESPECTFUL（人
間尊重）カウンセリング（Lewis et al., 2003 井上監訳 2006）の枠組みに基づき、
デートレイプに関する包括的な心理支援システムのあり方についての提言を
行う。
　コミュニティ・カウンセリングモデルは、a）直接的コミュニティサービ

ス（予防教育）、b）直接的クライエントサービス（社会的弱者へのアウトリーチとカウンセリング）、c）間接的コミュニティサービス（公共政策への働きかけ）、d）間接的クライエントサービス（権利擁護とコンサルテーション）の4つのサービス側面で成り立っている。

　直接的コミュニティサービスとして、予防教育がある。例えば、学校や地域において、デートレイプの予防教育プログラムを計画・実施・評価することが考えられる。予防教育にはレイプ被害者に対する好意的な態度への変容と男女差をふまえた教育内容を工夫することが重要である。学校で実施するのであれば、発達段階に合わせてプログラムの内容を工夫することが必要である。そして男子生徒と女子生徒を別のプログラムに参加させるという方法によって、デートレイプについての知識とコミュニケーションスキルを身につけられるような予防教育を実施することが可能である。さらに男子生徒と女子生徒が一緒にロールプレイやディスカッションを行うようなプログラムを開発するのであれば、それぞれの価値観や立場、レイプ支持態度に配慮した内容を工夫し、カウンセラーがその差を仲介することによって、より発達的な視点での介入ができるであろう。

　直接的クライエントサービスは、より集中的で、直接具体的な援助を要する人々を対象とする（Lewis et al., 2003 井上監訳 2006）。これには潜在化しているが、心理支援のニーズを持つ人に対してのアウトリーチとカウンセリングがある。RESPECTFUL（人間尊重）カウンセリング（Lewis et al., 2003 井上監訳 2006）の枠組みは、人間発達の多次元的特質を認め、文化の多様性を幅広く普遍的な包括的に定義している。RESPECTFUL（人間尊重）カウンセリングの枠組みが重視する10の要素は、R－宗教的・霊的同一性、E－経済階層的背景、S－性同一性、P－心理的成熟度、E－民族的・人種的同一性、C－年齢・発達段階に応じた課題、T－トラウマ（心理的外傷）と幸福感への脅威、F－家族の背景と家族史、U－独特な身体的特徴、L－居住地域と言語の違いである。これらの諸要素はカウンセラーが多様な集団からの人々と接

する際に、「文化的」配慮が必要であることを示している。男性と女性が育つプロセスと社会的状況は異なっていることが多く、それぞれのおかれてきた環境、影響をうけてきた価値観などには差があると考えられる。それについての「文化的」な配慮は、直接的なカウンセリングサービスにおいても必要であろう。男性被害者がカウンセリングをうけることへの社会的な偏見は強い。また女性の暴力被害者が必要としている支援を届けるためには、積極的なアウトリーチ活動が必要であろう。

　間接的コミュニティサービスとして、公共政策への働きかけがある。これにはフェミニスト・カウンセリングの実践が参考になる。井上（2010）は、フェミニスト・カウンセリングでは、フェミニズムの視点から、積極的な社会啓発活動を行っており、直接的クライエントサービスとしての認知行動療法やナラティヴ・アプローチ、グループ・アプローチなどを応用して女性による女性のための女性による支援も同時に展開していることを紹介している。

　間接的クライエントサービスとして、アドボカシーとコンサルテーションがある。レイプによってトラウマをうけた被害者がそれによるさらなる不利益をうけないように、被害によって生じる様々な認知、感情、行動様式の変化について、カウンセラーが代弁者となり、被害者が直接影響を与えることのできない領域、たとえば法制度を整えることなどを提言することは、コミュニティ・カウンセラーに求められている活動である。

３.２　マクロ・カウンセリングの視点とマクロ・カウンセラーの役割

　前項では、多文化的・コミュニティ的な視点から、デートレイプに対する包括的な心理支援について論じた。デートレイプの判断に影響を与えるレイプ支持態度や男女差が、女性の性的成熟や性同一性の獲得という発達的側面と無縁ではなく、また被害者への心理支援におけるエンパワーメントを重視するべきである。そこで多文化的・コミュニティ的な視点に加え、発達的な

視点からの包括的な心理支援を行う必要がある。そこで本項では、井上（1997）によって提唱されたマクロ・カウンセリングの考え方に基づき、カウンセラーの多面的な役割についての提言を行う。

井上（1997）によれば、マクロ・カウンセリングとは、(1)個別的カウンセリングの発達的アプローチ、(2)コミュニティ・カウンセリングの心理社会的アプローチ、(3)異文化間カウンセリングの社会文化的アプローチの3つを理論的背景とし、それらを包括する理論である。カウンセリングは、環境に対して病気や欠点を克服することにより「消極的」に適応するというだけでなく、人間の可能性を発達させるという積極的な適応観に向けてパラダイムの転換が行われてきている（井上, 2004）。マクロ・カウンセリングでは、自己実現する主体がクライエント自身であり、カウンセラーなどの援助・介入者はそれを援助する立場にいるという発達的アプローチを重視しており、クライエントへの援助は、カウンセラーが一方的にサービスを提供するという関係においてのみとらえるのではなく、カウンセラーもまたその中で気づき、発達していくという発達の相互性という観点を持って行われる。

マクロ・カウンセリングでは、カウンセラーの多面的な役割について、14項目をあげている。それは、(1)個別カウンセリング、(2)心理療法（サイコセラピー）、(3)関係促進（ファシリテーション）、(4)専門家組織化（リエゾン／ネットワーク）、(5)集団活動（グループワーク）、(6)仲介・媒介（インターメディエーション）、(7)福祉援助（ケースワーク）、(8)情報提供・助言（アドバイス）、(9)専門家援助（コンサルテーション）、(10) 代弁・権利擁護（アドボカシー）、(11) 社会変革（ソーシャル・アクション）、(12) 危機介入（クライシス・インターベーション）、(13) 調整（コーディネーション）、(14) 心理教育（サイコエデュケーション）である。一人のカウンセラーが複数の役割を担うというだけでなく、協働するほかのスタッフが別の役割をとる場合もある。

マクロ・カウンセリングのカウンセラーは、世代差・性差・地域差・価値観の差・文化差の仲立ちをする仲介者としての役割やグループワーカーとし

ての役割を担う必要がある（井上, 2004）。本研究で明らかにされたように男女のレイプに対する態度や価値観、判断の違いについて理解するために、カウンセラーは、グループワークや心理教育を通して、男性と女性の相互理解を深めるような個人と集団に対する直接的介入を行うことができるだろう。さらに、クライエントが必要としていることをほかの個人・グループ・組織などに伝達するアドボケーターとしての役割、クライエントが不当に抑圧された環境にいる場合、その変革を行う社会変革者となることは援助者の責任である。例えば、裁判員裁判において、裁判員が行うレイプの判断に対して、本研究で明らかにされたような男女の差異、レイプ支持態度の影響についての問題提起を行うことも重要であろう。

　宮地（2007）は、トラウマの被害者にかかわる研究者や専門家、知識人の役割として、「＜海＞しか見えないところに環状島を浮かび上がらせるきっかけをもたらす」ことや、「イシュー化のための概念や用語を生み出し、環をつくりやすくする」こと、「＜内海＞の大きさと深さを推定・測定する」を提案している（p. 189-199）。潜在化し、問題とされてこなかった親密な関係における暴力が概念化され、法制度化されることによって、これまでレイプとして認識されてこなかったデートレイプについて、社会に対して問題提起し、啓発活動を行っていくことは、潜在化している被害者への心理支援であり、それはマクロ・カウンセリングを行うカウンセラーに求められている役割であると考えられる。また研究活動を通して、デートレイプに関する心理学的な知見を集積し、エビデンスに基づいた支援をしていくことが必要である。またより広範な人々に対し、定期的に行う実態調査も潜在化している被害を浮かび上がらせるという意味で重要である。これまでにレイプとして認識されてこなかった、ことばによる強制、心理的な強制などによって、望まない性行為を行っているということを明らかにし、適切な心理教育を行っていくことが必要であろう。

4. 本研究の限界と今後の課題

4.1 本研究の意義

　本研究は、デートレイプの判断に対してレイプ支持態度と男女差の視点から影響要因を検討することが重要であるということを実証的に示した。臨床心理学的な意義として、本論文で得られた基礎的な資料をデートレイプの予防教育に生かすことができるという点が挙げられる。男女それぞれの特徴をふまえ、価値観や態度の差異を尊重した介入を行う必要性を示したという点でコミュニティ心理学的な意義を有していると考えられる。また方法論的意義としては、裁判員裁判を想定し、模擬裁判実験の形式で検討したという点が挙げられる。近年では裁判員裁判に向けた市民教育、および裁判における市民の論理の収集を目的とした「裁判員裁判ゲーム」を開発し、効果を検討した研究（荒川, 2009）も報告されている。裁判員の判断に関する今後の研究に本論文から得られた基礎的な資料を生かすことが重要である。

　さらにデートレイプの判断というテーマについて論じた本論文は女性に対する暴力に対する取り組みが活発になってきている今日的状況に鑑みて、社会的意義がある。内閣府共同参画会議・女性に対する暴力に関する専門調査会（2010）は、「女性に対する暴力は重大な人権侵害であり、その回復を図ることは国の責務であるとともに男女共同参画社会を形成していく上で克服すべき重要な課題である」と位置づけている。さらに「性犯罪被害者が被害を訴えることを躊躇せずに必要な相談を受けられるような相談体制を整備するとともに、被害者の心身回復のための急性期及び中長期的な支援、被害者のプライバシーの保護及び二次被害の防止について万全を期する」と述べている。このような相談体制を整備するにあたり、臨床心理学の基礎的な知見を役立てていくことが重要である。

4.2　本研究の限界と今後の課題

　本研究の限界として、異性愛を前提とした研究の設定であったということがあげられる。生物学的性に基づく男女差の分析も同様であり、多様なセクシュアリティをもつ判断者によるデータとして、分析することができなかった。今後の研究課題としたい。

　また、デートレイプの判断にレイプ支持態度が影響を及ぼすことが示唆されたが、デートレイプの判断に対する感情的要因の影響や判断した後の行動傾向については扱うことができなかった。原因の統制可能性、責任帰属に伴って生じる感情が同情であるのか怒りであるのかは、援助行動をとるか、罰を与えるかの行動を予測する（Weiner, 2006 速水・唐沢訳 2007）。今後の研究においては、感情的要因や行動傾向までを検討することによって、より効果的な心理的介入のポイントを明らかにすることが必要であろう。

　また親しい人の被害経験は、レイプ支持態度や被害者の責任判断と関連する要因であることが推察されたが、本論文では十分に検討することができなかったため、今後の課題である。実際に被害者のサポートをしている家族、友人、恋人に対する支援の在り方についても今後の検討課題である。

5.　結　　語

　本研究はデートレイプの予防という観点から、デートレイプの判断に影響を及ぼす要因についてレイプ支持態度と男女差の観点から検討し、デートレイプに対する包括的な心理支援システムの構築に向けて、基礎的な資料を得ることを目指すものであった。そして4つの研究から、レイプ支持態度がデートレイプであるという認識を妨げ、被害者の責任を強調し、被害者への心理的影響を過小評価する働きをもつことを明らかにした。デートレイプの予防教育において、レイプ支持態度の観点からの介入を行うことの重要性が

示された。さらに男女差の観点から影響要因を検討することによって、男性と女性では、状況要因に対する評価が異なっていることが明らかにされた。男性と女性のそれぞれ特徴に適した、またそれぞれの差異を尊重した予防教育を行うことの必要性が示された。

2000年代以降、性犯罪や性虐待の被害者自身が実名で手記を出版し、被害が潜在化し支援を受けられない状況や、性暴力が被害者の人生に与える影響の大きさ、そして被害後を生きる姿を明らかにしてきた（小林, 2008; 東, 2014; 大藪, 2007; 山本, 2017）。彼らによるセルフ・アドボカシーは、それに反応し支持を表明した多くの人々とともに社会的・政治的な変化を促している。内閣府（男女共同参画局）では、性犯罪・性暴力被害者への支援を最重要課題の一つとし、性犯罪被害者の相談体制の整備と被害直後及び中長期的な支援体制を整備するための具体的施策として、性犯罪・性暴力被害者のためのワンストップ支援センターの設置促進を掲げている（内閣府男女共同参画局, 2016）。また2017年には、110年ぶりとなる強制性交等罪を含む刑法改正（2017年6月16日成立、7月13日施行）が行われた。法改正の内容として、強姦罪の名称変更、親告罪規定の削除、法定刑の下限の引き上げなどが行われたが、一方で暴行脅迫要件撤廃の持ち越しなど課題は残されている（国立国会図書館調査及び立法考査局, 2017）。今後も予防教育の開発と実践、評価を積み重ね、被害者にとって支持的で発達促進的な環境をつくっていくことが重要である。

引 用 文 献

Abrams, D., Viki, G., Masser, B., & Bohner, G. (2003). Perceptions of stranger and acquaintance rape: The role of benevolent and hostile sexism in victim blame and rape proclivity. *Journal of Personality and Social Psychology*, **84**, 111-125.

Acock, A. C., & Ireland, N. K. (1983). Attribution of blame in rape cases: The impact of norm violation, gender, and sex-role attitude. *Sex Roles*, **9**, 179-193.

Ahrens, E. C. (2006). Being silenced: The impact of negative social reactions on the disclosure of rape. *American Journal of Community Psychology*, **38**, 263-274.

Anderson, K. B., Cooper, H., & Okamura, L. (1997). Individual differences and attitudes toward rape: A meta-analytic review. *Personality and Social Psychology Bulletin*, **23**, 295-315.

Anderson, L. A., & Whiston, S. C. (2005). Sexual assault education programs: A meta-analytic examination of their effectiveness. *Psychology of Women Quarterly*, **29**, 374-388.

安藤久美子 (2000). 性暴力被害者のPTSDの危険因子：日本におけるコミュニティサーベイから　精神医学, **42**, 575-584.

荒川歩 (2009). 「裁判員裁判ゲーム」の開発とゲームの効果　シミュレーション&ゲーミング, **19**, 9-16.

Barnett, M. A., Tetreault, P. A., Esper, J. A., & Bristow, A. R. (1986). Similarity and empathy: The experience of rape. *The Journal of Social Psychology*, **126**, 47-49.

Basile, K. (1999). Rape by acquiescence: The ways in which women 'give in' to unwanted sex with their husbands. *Violence Against Women*, **5**, 1036-1058.

Bell, S., Kuriloff, P., & Lottes, I. (1994). Understanding attributions of blame in stranger rape and date rape situations: An examination of gender, race, identification, and students' social perceptions of rape victims. *Journal of Applied Social Psychology*, **24**, 1719-1734.

Bohner, G., Jarvis, C. I., Eyssel, F., & Siebler, F. (2005). The causal impact of rape myth acceptance on men's rape proclivity: Comparing sexually Coercive and noncoercive men European. *Journal of Social Psychology*, **35**, 819-828.

Bohner, G., Reinhard, M., Rutz, S., Sturm, S., Kerschbaum, B., & Effler, D. (1998). Rape myths as neutralizing cognitions: Evidence for a causal impact of anti-victim attitudes on men's self-reported likelihood of raping. *European Journal of Social Psychology*, **28**, 257-268.

Brekke, N., & Borgida, E. (1988). Expert psychological testimony in rape trials: A social-cognitive analysis. *Journal of Personality and Social Psychology*, **55**, 372-386.

Brems, C., & Wagner, P. (1994). Blame of victim and perpetrator in rape versus theft. *The Journal of Social Psychology*, **134**, 363-374.

Bridges, J. S., & McGrail, C. A. (1989). Attributions of responsibility for date and stranger rape. *Sex Roles*, **21**, 273-286.

Briere, J., Malamuth, N., & Check, J. V. (1985). Sexuality and rape-supportive beliefs. *International Journal of Women's Studies*, **8**, 398-403.

Burt, M. R. (1980). Cultural myths and supports for rape. *Journal of Personality and Social Psychology*, **38**, 217-230.

Burt, M. R., & Albin, R. S. (1981). Rape myths, rape definitions, and probability of conviction. *Journal of Applied Social Psychology*, **11**, 212-230.

Burt, M. R. (1991). Rape myth and acquaintance rape. In Parrot, A. & Bechhofer, L. (Eds.), *Acquaintance rape: The hidden crime*. N.Y.: Wiley. pp. 26-40.

Byers, E., & Eno, R. J. (1991). Predicting men's sexual coercion and aggression from attitudes, dating history, and sexual response. *Journal of Psychology & Human Sexuality*, **4**, 55-70.

Calhoum, K. S., & Townsley, R. M. (1991) Attributions of responsibility for acquaintance rape. In Parrot, A. & Bechhofer, L. (Eds), *Acquaintance Rape: The Hidden Crime*. N.Y.: John Wiley & Sons. pp. 57-70.

Coller, S., & Resick, P. (1987). Women's attributions of responsibility for date rape: The influence of empathy and sex-role stereotyping. *Violence and Victims*, **2**, 115-125.

Davis, M. H. (1994). *Empathy: A Social Psychological Approach*. Boulder, CO: Westview Press.
（デイヴィス，M. H. 菊池章夫訳（1999）．共感の社会心理学：人間関係の基礎 川島書店）

Davis, R. C., Brickman, E., & Baker, T. (1991). Supportive and unsupportive responses of others to rape victims: Effects on concurrent victim adjustment. *American Journal of Community Psychology*, **19**(3), 443-451.

引 用 文 献　　147

Deitz, S., & Byrnes, L. (1981). Attribution of responsibility for sexual assault: The influence of observer empathy and defendant occupation and attractiveness. *Journal of Psychology: Interdisciplinary and Applied*, **108**, 17-29.

Earnshaw, V. A., Pitpitan, E. V., & Chaudoir, S. R. (2011). Intended responses to rape as functions of attitudes, attributions of fault, and emotions. *Sex Roles*, **64**, 382-393.

Edwards, A. (1987). Male Violence in Feminist Theory: an Analysis of the Changing Conceptions of Sex / Gender Violence and Male Dominance. In Hanmer, J. & Maynard, M. (Eds.), *Women, Violence and Social Control*. London: Macmillan Press.

(エドワーズ, A. 横山美栄子訳　フェミニスト理論における男性暴力：セックス／ジェンダー暴力と男性支配の概念の変容に関する分析　ジャルナ・ハマー、メアリー・メイナード（編）堤かなめ監訳 (2001). ジェンダーと暴力：イギリスにおける社会学的研究　明石書店　pp. 31-56)

Fay, K. E., & Medway, F. J. (2006). An acquaintance rape education program for students transitioning to high school. *Sex Education*, **6**, 223-236.

Fenstermaker, S. (1989). Acquaintance rape on campus: Responsibility and attributions of crime. In M. A. Pirog-Good & J. E. Stets (Eds.), *Violence in dating relationships: Emerging social issues* (pp. 257-271). New York: Praegea.

Fischer, G. J. (1992a). Sex attitudes and prior victimization as predictors of college student sex offenses. *Annals of Sex Research*, **5**, 53-60.

Fischer, G. J. (1992b). Gender differences in college student sexual abuse victims and their offenders. *Annals of Sex Research*, **5**, 215-226.

Frese, B., Moya, M., & Megias, J. L. (2004). Social Perception of Rape: How rape myth acceptance modulates the influence of situational factors. *Journal of Interpersonal Violence*, **19**, 143-161.

藤岡淳子 (2006). 性暴力の理解と治療教育　誠信書房

Gerger, H., Kley, H., Bohner, G., & Siebler, F. (2007). The acceptance of modern myths about sexual aggression scale: Development and validation in German and English. *Aggressive Behavior*, **33**, 422-440.

Goodchild, J. D., Zellman, G. L., Johnson, P. B., & Giarusso, R. (1988). Adolescents and Their Perceptions of sexual interactions. In Burgess, A.W. (Ed.), *Sexual Assault*, Vol.2. New York: Garland. pp. 245-279.

Gray, J. M. (2006). Rape myth beliefs and prejudiced instructions: Effects on decisions of guilt in a case of date rape. *Legal and Criminological Psychology*, **11**, 75-80.

Grubb, A., & Harrower, J. (2008). Attribution of blame in cases of rape: An analysis of participant gender, type of rape and perceived similarity to the victim. *Aggression and Violent Behavior*, **13**, 396-405.

Hammock, G., & Richardson, D. (1997). Perceptions of rape: The influence of closeness of relationship, intoxication and sex of participant. *Violence and Victims*, **12**, 237-246.

原田國男（2003）．量刑判断の実際 現代法律出版

Harvey, M. R. (1996). An ecological view of psychological trauma and trauma recovery. *Journal of Traumatic Stress*, **9**, 3-28.
（村本邦子訳（1999）．生態学的視点から見たトラウマと回復 女性ライフサイクル研究, **9**, 4-17.）

Harvey, M. R. (2007). Towards an ecological understanding of resilience in trauma survivors : Implications for theory, research, and practice. In Harvey, M. R. & Tummala-Narra, P. (Ed.), *Sources and Expressions of Resiliency in Trauma Survivors: Ecological Theory, Multicultural Practice*. New York: The Haworth Press. pp. 9-32.

Heppner, M. J., Humphrey, C. F., Hillenbrand-Gunn, T. L., & DeBord, K. A. (1995). The differential effects of rape prevention programming on attitudes, behavior, and knowledge. *Journal of Counseling Psychology*, **42**, 508-518.

東小雪（2014）．なかったことにしたくない　実父から性虐待を受けた私の告白 講談社

平木典子（2000）．自己カウンセリングとアサーションのすすめ 金子書房

廣幡小百合・小西聖子・白川美也子・淺川千秋・森田展彰・中谷陽二（2002）．性暴力被害者における外傷後ストレス障害：抑うつ、身体症状との関連で 精神神經学雑誌, **104**, 529-550.

Houts, L. (2005). But Was it Wanted?: Young Women's First Voluntary Sexual Intercourse. *Journal of Family Issues*, **26**, 1082-1102.

伊田広行（2010）．デートDVと恋愛 大月書店

伊田政司（2009）．裁判員制度における市民の量刑判断 岡田悦典・藤田政博・仲真紀子（編）裁判員制度と法心理学 ぎょうせい pp. 207-217.

井上摩耶子（2010）．フェミニストカウンセリングの理論と技法1　フェミニストカウンセリングとはなにか 井上摩耶子（編）フェミニストカウンセリングの実践 世

界思想社 pp. 2-19.

井上孝代（編著）（1997）．異文化間臨床心理学序説　多賀出版

井上孝代（編）（2004）．共感性を育てるカウンセリング　マクロ・カウンセリング実践シリーズ1．川島書店

井上孝代（編）（2006）．コミュニティ支援のカウンセリング　マクロ・カウンセリング実践シリーズ3．川島書店

石川義之（2003）．性的被害とトラウマ：関西コミュニティ調査の統計分析　大阪樟蔭女子大学人間科学研究紀要, **2**, 139-159.

板垣喜代子（2001）．性暴力被害者に二次被害をもたらす要因の研究：茨城県内の医療従事者の実態調査から　被害者学研究, **11**, 15-28.

岩崎直子（2003）．性被害の心理と支援に関する研究　人間科学研究, **5**, 301-308.

Ivey, A. E., D'Andrea, M. J., & Ivey, M. B. (2012). *Theories of counseling and psychotherapy: A multicultural perspective.* 7th ed. L.A : U.S.: Sage publication, Inc.

Jenkins, M. J., & Dambrot, F. H. (1987). The attribution of date rape: Observer's attitudes and sexual experiences and the dating situation. *Journal of Applied Social Psychology,* **17**, 875-895.

Jimenez, J. A., & Abreu, J. M. (2003). Race and sex effects on attitudinal perceptions of acquaintance rape. *Journal of Counseling Psychology,* **50**, 252-256.

女性のためのアジア平和国民基金（2004）．小冊子「レイプの二次被害を防ぐために ―被害者の回復を助ける7つのポイント―」

（http://www.awf.or.jp/woman/pdf/reipu.pdf）（2010年12月1日取得）

片岡弥恵子（2004）．性暴力被害に関する看護者への教育プログラムの評価　日本看護科学会誌, **24**, 3-12.

片岡弥恵子・堀内成子（2001）．看護者のもつ性暴力に対する態度と知識　日本助産学会誌, **15**(1), 14-23.

Katz, J., Moore, J., & Tkachuk, S. (2007). Verbal sexual coercion and perceived victim responsibility: Mediating effects of perceived control. *Sex Roles,* **57**, 235-247.

川口瑞子（2006）．性被害者に対する二次被害防止のための試み　マクロ・カウンセリング研究, **5**, 50-61.

警察庁（2017）．平成28年におけるストーカー事案及び配偶者からの暴力事案等への対応状況について

（https://www.npa.go.jp/safetylife/seianki/stalker/seianki28STDVsyosai.pdf）（2017年10月12日取得）

Kelly, L. (1987). The Continuum of Sexual Violence. In Hanmer, J. & Maynard, M. (Eds.), *Women, Violence and Social Control*. London: Macmillan Press. (ケリー, L. 喜多加実代訳 性暴力の連続体 ジャルナ・ハマー、メアリー・メイナード（編）堤かなめ監訳（2001）．ジェンダーと暴力：イギリスにおける社会学的研究 明石書店 pp. 83-106）

金吉晴（編）（2006）．心的トラウマの理解とケア 第2版 じほう

北風菜穂子（2008）．大学生のレイプ神話受容態度と変容に関する臨床心理学的研究 明治学院大学大学院心理学研究科修士論文

北風菜穂子・伊藤武彦・井上孝代（2009）．レイプ神話受容と被害者—加害者の関係によるレイプの責任判断に関する研究 応用心理学研究, 34, 56-57.

Kitakaze, N., Numa, N., Matsugami, N., Ito, T., & Inoue, T. (2007). Rape Myth Acceptance in Japanese University Students. JSTP + WPATPS + WACP Joint meeting in Kamakura. (http://www.wpa-tps.org/PDF/2007Kamakura.pdf)（2011年10月30日取得）

Kleinke, C. L., & Meyer, C. (1990). Evaluation of rape victim by men and women with high and low belief in a just world. *Psychology of Women Quarterly*, 14, 343-353.

小林美佳（2008）．性犯罪被害にあうということ 朝日新聞出版

小林美佳（2010）．性犯罪被害とたたかうということ 朝日新聞出版

国立国会図書館 調査及び立法考査局（編）（2017）．性犯罪規定に係る刑法改正法案の概要 調査と情報-ISSUE BRIEF-, 962, 1-13.

小西吉呂（2001）．大学生の性被害実態に関する一考察：誰が、いつ、どこで、誰から 沖縄大学地域研究所年報, 23, 61-76.

Koss, M. P. (1985). The hidden rape victim: Personality, attitudinal, and situational characteristics. *Psychology of Women Quarterly*, 9, 193-212.

Koss, M. P. (1989). Hidden rape: Sexual aggression and victimization in a national sample of students in higher education. In M. A. Pirog-Good, J. E. Stets, M. A. Pirog-Good, J. E. Stets (Eds.), *Violence in dating relationships: Emerging social issues*. New York, NY England: Praeger Publishers, pp. 145-168.

Koss, M. P., Dinero, T. E., Seibel, C. A., & Cox, S. L. (1988). Stranger and acquaintance rape: Are there differences in the victim's experience? *Psychology of Women Quarterly*, 12, 1-24.

Koss, M. P., Gidycz, C. A., & Wisniewski, N. (1987). The scope of rape: Incidence and prevalence of sexual aggression and victimization in a national sample of higher education students. *Journal of Consulting and Clinical Psychology*, **55**, 162-170.

Koss, M. P., & Harvey, M. R. (1991). *The rape victim: Clinical and community interventions* (2nd Ed.), Thousand Oaks, CA: Sage Publifications.

Koss, M. P., & Oros, C. J. (1982). Sexual Experiences Survey: A research instrument investigating sexual aggression and victimization. *Journal of Consulting and Clinical Psychology*, **50**(3), 455-457.

厚生労働省 (2009).　こころの健康 気づきのヒント集
(http://www.jaish.gr.jp/information/2009_kokoronokennko.pdf)（2011年 1 月 7 日取得）

Krahé, B., Bieneck, S., & Scheinberger-Olwig, R. (2007). Adolescents' sexual scripts: Schematic representations of consensual and nonconsensual heterosexual interactions. *Journal of Sex Research*, **44**, 316-327.

工藤恵理子 (2010).　他者に対する評価・判断・推論 池田謙一・唐沢穣・工藤恵理子・村本由紀子（編）社会心理学 有斐閣 pp. 113-136.

蔵永瞳・片山香・樋口匡貴・深田博己 (2009).　いじめ場面における傍観者の役割取得と共感が自身のいじめ関連行動に及ぼす影響 広島大学心理学研究, **8**, 41-51.

黒沢香 (2005).　陪審制・裁判員制による刑事裁判の研究 菅原郁夫・サトウタツヤ・黒沢香（編）法と心理学のフロンティア 北大路書房 pp. 123-167.

Langley, T., Yost, E. A., O'Neal, E. C., & Taylor, S. (1991). Models of rape judgment: Attributions concerning event, perpetrator, and victim. *Journal of Offender Rehabilitation*, **17**, 43-54.

Lewis, J. A., Lewis, M. D., Daniels, J. A., & D'Andrea, M. J. (2003). *Community Counseling: Empowerment strategies for a diverse society*, 3rd edition. Brooks / Cole, a division of Thomson learning.
（井上孝代監訳 (2006).　コミュニティ・カウンセリング：福祉・教育・医療のための新しいパラダイム ブレーン出版）

Livingston, J., Buddie, A., Testa, M., & VanZile-Tamsen, C. (2004). The role of sexual precedence in verbal sexual coercion. *Psychology of Women Quarterly*, **28**, 287-297.

Lonsway, K.A. (1996). Preventing acquaintance rape through education: What do we know? *Psychology of Women Quarterly*, **20**, 229-265.

Lonsway, K. A., & Fitzgerald, L. F. (1994). Rape myths: In review. *Psychology of Women Quarterly*, **18**, 133-164.

Lonsway, K. A., & Kothari, C. (2000). First year campus acquaintance rape education: Evaluating the impact of a mandatory intervention. *Psychology of Woman Quarterly*, **24**, 220-232.

Lottes, I. (1991). Belief systems: Sexuality and rape. *Journal of Psychology & Human Sexuality*, **4**, 37-59.

Lottes, I.L. (1998). Rape supportive attitude scale. In Davis, C.M. (Ed.), *Handbook of Sexuality Measures*. Thousand Oaks, CA: Sage Publifications, pp. 504-505.

McDonald, T. W., & Kline, L. A. (2004). Perceptions of appropriate punishment for committing date rape: Male college students recommend lenient punishments. *College Student Journal*, **38**, 44-56.

Mason, G. E., Riger, S., & Foley, L. A. (2004). The impact of past sexual experiences on attributions of responsibility for rape. *Journal of Interpersonal Violence*, **19**, 1157-1171.

Maurer, T., & Robinson, D. (2008). Effects of attire, alcohol, and gender on perceptions of date rape. *Sex Roles*, **58**, 423-434.

McLendon, K., Foley, L. A., Hall, J., & Sloan, L. (1994). Male and female perceptions of date rape. *Journal of Social Behavior & Personality*, **9**, 421-428.

宮地尚子（2007）．環状島＝トラウマの地政学 みすず書房

宮地尚子（2008）．性暴力と性的支配 宮地尚子（編）性の支配と歴史：植民地主義から民族浄化まで 大月書店 pp. 17-63.

Monson, C., Byrd, G., & Langhinrichsen-Rohling, J. (1996). To have and to hold: Perceptions of marital rape. *Journal of Interpersonal Violence*, **11**, 410-424.

Monson, C., Langhinrichsen-Rohling, J., & Binderup, T. (2000). Does 'no' really mean 'no' after you say 'yes'?: Attributions about date and marital rape. *Journal of Interpersonal Violence*, **15**, 1156-1174.

Muehlenhard, C. L., & Cook, S. W. (1988). Men's self-reports of unwanted sexual activity. *Journal of Sex Research*, **24**, 58-72.

Muehlenhard, C. L., & Schrag, J. L. (1991). Nonviolent Sexual Coercion. In Parrot, A. & Bechhofer, L. (Eds.), *Acquaintance rape: The hidden crime*. New York : Wiley, pp. 115-128.

中島幸子（2011）．性暴力：その後を生きる 特定非営利活動法人レジリエンス（自費出版）

村本邦子（2004）．性被害の実態調査から見た臨床的コミュニティ介入への提言 心理

臨床学研究, **22**, 47-57.

内閣府共同参画会議・女性に対する暴力に関する専門調査会（2010）.「女性に対する あらゆる暴力の根絶」について

(http://www.gender.go.jp/danjo-kaigi/boryoku/houkoku/torimatome.pdf)

（2011年8月1日取得）

内閣府男女共同参画局（2010）. 第3次男女共同参画基本計画

(http://www.gender.go.jp/about_danjo/basic_plans/3rd/pdf/3-29.pdf)（2017年 10月12日取得）

内閣府男女共同参画局（2015）. 男女間における暴力に関する調査

(http://www.gender.go.jp/policy/no_violence/e-vaw/chousa/pdf/h26danjokan-1. pdf)（2017年10月12日取得）

Newcombe, P. A., van den Eynde, J., Hafner, D., & Jolly, L. (2008). Attributions of responsibility for rape: Differences across familiarity of situation, gender, and acceptance of rape myths. *Journal of Applied Social Psychology*, **38**, 1736-1754.

野村忍（2010）. ストレスの対処法を身につけて心も体も健康に KAOヘルスケアレ ポート, **30**, 2-3.

(http://www.kao.co.jp/rd/healthcare/img_cmn/ico_pdf.gif)（2010年12月1日取 得）

野坂祐子・吉田博美・笹川真紀子・内海千種・角谷詩織（2005）. 高校生の性暴力被 害と精神健康との関係 トラウマティック・ストレス, **3**, 67-75.

大渕憲一・石毛博・山入端津由・井上和子（1985）. レイプ神話と性犯罪 犯罪心理学 研究, **23**, 1-11.

Parrot, A. (1988). *Date Rape and Acquaintance Rape*. New York.: The Rosen Publishing Group, Inc.

（村瀬幸浩(監修)・富永星訳（2005）. デートレイプってなに？：知り合いからの性 暴力 大月書店）

Payne, D. L., Lonsway, K. A., & Fitzgerald, L. F. (1999). Rape myth acceptance: Exploration of its measurement using the Illinois Rape Myth Acceptance Scale. *Journal of Research in Personality*, **33**, 27-68.

Petty, R. E. & Cacioppo, J. T. (1986). Communication and persuasion: Central and peripheral routes to attitude change. New York: Springer-Verlag.

Pinzone-Glover, H. A., Gidycz, C. A., & Jacobs, C. D. (1998). An acquaintance rape prevention program: Effects on attitudes toward women, rape related attitudes, and perceptions of rape scenarios. *Psychology of Women Quarterly*, **22**, 605-621.

Pollard, P. (1992). Judgements about victims and attackers in depicted rapes: A review. *British Journal of Social Psychology*, **31**, 307-326.

Richardson, D., & Campbell, J. L. (1982). Alcohol and rape: The effect of alcohol on attributions of blame for rape. *Personality and Social Psychology Bulletin*, **8**, 468-476.

Rosenthal, E. H., Heesacker, M., & Neimeyer, G. J. (1995). Changing the rape-supportive attitudes of traditional and nontraditional male and female college students. *Journal of Counseling Psychology*, **42**, 171-177.

笹川真紀子・小西聖子・安藤久美子・佐藤志穂子・高橋美和・石井トク・佐藤親次 (1998). 日本の成人女性における性的被害調査 犯罪学雑誌, **64**, 202-212.

Sawyer, R. G., Pinciaro, P. J., & Jessell, J. K. (1998). Effects of coercion and verbal consent on university students' perception of date rape. *American Journal of Health Behavior*, **22**, 46-53.

Schuller, R., & Hastings, P. (2002). Complainant sexual history evidence: Its impact on mock juror's decisions. *Psychology of Women Quarterly*, **26**, 252-261.

Schuller, R., & Wall, A. (1998). The effects of defendant and complainant intoxication on mock jurors' judgments of sexual assault. *Psychology of Women Quarterly*, **22**, 555-573.

Shechory, M., Idisis, Y. (2006). Rape myths and social distance toward sex offenders and victims among therapists and students. *Sex Roles*, **54**, 651-658.

島悟・佐藤恵美 (2007). ストレスマネジメント入門 日本経済新聞出版社

白川美也子 (2004). 性暴力被害のセクシュアリティにおよぼす影響とその回復過程 宮地尚子 (編) トラウマとジェンダー：臨床からの声 金剛出版 pp. 46-63.

Shotland, R., & Goodstein, L. (1983). Just because she doesn't want to doesn't mean it's rape: An experimentally based causal model of the perception of rape in a dating situation. *Social Psychology Quarterly*, **46**, 220-232.

征矢英昭 (2010). 運動でストレスに負けない前向きな脳を作ろう！ KAOヘルスケアレポート, **30**, 4-5.

〈http://www.kao.co.jp/rd/healthcare/img_cmn/ico_pdf.gif〉 (2011年1月7日取得)

Struckman-Johnson, C., Struckman-Johnson, D., & Anderson, P. (2003). Tactics of sexual coercion: When men and women won't take no for an answer. *Journal of Sex*

Research, **40**, 76-86.

Struckman-Johnson, D., & Struckman-Johnson, C. (1991). Men and women's acceptance of coercive sexual strategies varied by initiator gender and couple intimacy. *Sex Roles*, **25**, 661-676.

Smith, M. E. (2005). Female sexual assault: The impact on the male significant other. *Issues in Mental Health Nursing*, **26**, 149-167.

総理府 (2000). 男女間における暴力に関する調査
（http://www.gender.go.jp/e-vaw/chousa/images/pdf/h11report2-1.pdf）（2011年10月30日取得）

杉田幸子 (1999). 横浜のヘボン先生 いのちのことば社

竹ノ山圭二郎・原岡一馬 (2003). いじめ状況想起におけるいじめ判断についての立場間比較 久留米大学心理学研究, **2**, 49-62.

Temkin, J., & Krahé, B. (2008). *Sexual assault and the justice gap: A question of attitude.* Portland, OR: Hart Publishing.

Tieger, T. (1981). Self-rated likelihood of raping and the social perception of rape. *Journal of Research in Personality*, **15**, 147-158.

戸田有一・酒井恵子・やまだようこ (2009). 心理学研究における順序構造分析の提案と課題 日本教育心理学会第51回総会発表論文集, 303.

塚原睦子 (2004). 大学生におけるレイプ神話容認態度研究：性に対する意識との関連 名古屋大学大学院教育発達科学研究科紀要 心理発達科学, **51**, 307-309.

角田由紀子 (2001). 解説 裁判所にまだ生き残る「強姦神話」：東北生活文化大学セクシュアル・ハラスメント事件訴訟審判決 労働法律旬報, **1516**, 60-64.

角田由紀子 (2002). 特別講演(1)性暴力被害者の新しい理解のために："強姦神話"との決別を 矯正医学, **50**, 52-66.

上野千鶴子 (2009).「セクシュアルティの近代」を超えて 天野正子・伊藤公雄・伊藤るり・井上輝子・上野千鶴子・江原由美子・大沢真理・加納実紀代（編）新編 日本のフェミニズム 6 セクシュアリティ 岩波書店 pp. 1-48.

Ullman, S.E. (1996). Social reactions, coping strategies, and self-blame attributions in adjustment to sexual assault. *Psychology of Woman Quarterly*, **20**, 505-526.

U.S. Department of justice (2016). National Crime Victimization Survey: BJS criminal victimization data collections.
（https://www.bjs.gov/index.cfm?ty=dcdetail&iid=245#Collection_period）（2017年10月12日取得）

Vigarello, G. (1998). *Histoire du viol : XVIe-XXe siècle.* Paris: Seuil
(ヴィガレロ, G. 藤田真利子訳 (1999). 強姦の歴史 作品社)

Ward, C. A. (1995). *Attitudes toward rape: Feminist and social psychological perspectives.* Thousand Oaks, CA: Sage Publifications.

渡辺智子 (2000). ひと筆 レイプ神話とセクハラ訴訟 自由と正義, **51**, 11-13.

Weiner, B. (2006). *Social motivation, justice, and the moral emotions: An attributional approach.* Mahwah, N.J: Lawrence Erlbaum Associates.
(速水敏彦・唐沢かおり (監訳) (2007). 社会的動機づけの心理学：他者を裁く心と道徳的感情 北大路書房)

Wenger, A. A., & Bornstein, B. H. (2006). The effects of victim's substance use and relationship closeness on mock jurors' judgments in an acquaintance rape case. *Sex Roles*, **54**, 547-555.

Wyer, R. S., Bordenhausen, G. V., & Gorman, T. F. (1985). Cognitive mediators of reactions to rape. *Journal of Personality and Social Psychology*, **48**, 324-338.

山本潤 (2017). 13歳、「私」をなくした私：性暴力と生きることのリアル 朝日新聞出版

湯川進太郎・泊真児 (1999). 性的情報接触と性犯罪行為可能性：性犯罪神話を媒介として 犯罪心理学研究, **37**, 15-27.

あ と が き

　本書は、2011年度に明治学院大学大学院心理学研究科に提出した学位申請論文「デートレイプの判断に影響を及ぼす要因：レイプ支持態度および男女差の検討を中心として」に一部加筆・修正したものです。本書を執筆するにあたり、たくさんの方々にお世話になりました。この場を借りて感謝を申し上げます。

　はじめに、レイプの被害後を生きる姿をみせてくれたサバイバーの方々に本書を捧げます。彼女たちはあまりに辛く苦しい出来事を経験しながら、それでも生きていくのだ、ありのままの自分を生きていていいのだと教えてくれました。その姿が本当に美しかったので、私は研究を続けられたと思います。ありがとうございました。

　そして指導教員であり、マクロ・カウンセリング理論の提唱者であり実践者である明治学院大学名誉教授　井上孝代先生に心より感謝を申し上げます。修士課程よりゼミに所属させていただき、修士論文、博士論文をご指導いただきました。博士論文の執筆段階においては、迷うことも多く、何度も諦めかけましたが、その度に井上先生は誰のために研究をするのかを考えなさいとおっしゃいました。自分のためにするのではない、誰かの役に立てるだろうか、そのことを自問自答しながら続けてきたように思います。先生との出会いは私の人生を変えたと思います。本当にありがとうございました。

　また統計解析をはじめ、様々な視点からご指導くださいました和光大学現代人間学部教授　伊藤武彦先生にも深く感謝を申し上げます。私がこの研究を始めるきっかけになったのは、修士課程の頃、先生がレイプ神話の概念を教えてくれたことです。まさかそれから博士課程に進学して、レイプ神話に関する博士論文を書くことになるとは当時は思いもしませんでした。あれか

ら10年以上になりますが、いつも先生のお人柄には助けられています。本当にありがとうございました。

副査として4年間ご指導いただいた明治学院大学心理学部教授　杉山恵理子先生に深く感謝申し上げます。何度も研究指導をしていただき、貴重なご助言を賜りました。深く御礼申し上げます。また、明治学院大学の博士後期課程在籍中にお世話になった阿部裕先生、緒方明子先生、金沢吉展先生、山崎晃先生には、様々なご意見やご助言をいただき、いつも温かく励ましていただきました。心より御礼申し上げます。明治学院大学心理学部の野末武義先生をはじめ、諸先生からも様々なご助言、励ましをいただきました。深く感謝いたします。

法政大学大学院法務研究科教授　京藤哲久先生には、法律の専門的な視点から、研究について貴重なご意見・ご助言を賜りました。心より感謝申し上げます。

実験・調査の実施にあたってご協力いただきました協力者の皆様に深く感謝申し上げます。

週に一度のゼミを共にしながら、お互いに学びを深めた榊原佐和子さん、鈴木ゆみさん、長坂晟さん、飯田敏晴さん、鏑木眞喜子さんをはじめとする明治学院大学大学院井上研究室の皆さまに心から感謝いたします。また同時期に博士課程に在籍していた上野まどかさん、豊田賀子さん、島内晶さんにも本当に感謝しています。皆さんの励ましと助言と支えがなければ、博士論文を提出することは到底できませんでした。皆さんと過ごした時間は本当にかけがえのないものです。ありがとうございました。

最後に、いつも私のことを応援してくれていた両親、妹夫婦と甥、そして博士論文と本書の執筆を見守ってくれた愛する夫と息子に心から感謝しています。ありがとうございました。

本書の刊行は、独立行政法人日本学術振興会平成30年度科学研究費助成事業（科学研究費補助金）（研究成果公開促進費・学術図書JP18HP5189）の交付を受

けて実現いたしました。風間書房の風間敬子氏には、刊行に至るまでに数多くのご支援を賜りました。心より御礼申し上げます。

　　平成30年9月

北風　菜穂子

著者略歴

北風　菜穂子（きたかぜ　なほこ）

1982年生まれ
2006年　明治学院大学文学部心理学科卒業
2008年　明治学院大学大学院心理学研究科心理学専攻心理臨床コース修士課程修了
2012年　明治学院大学大学院心理学研究科心理学専攻博士後期課程修了
　　　　博士（心理学）
社会福祉法人諸岳会アーサマ総持寺心理療法担当職員、東京女子医科大学付属
女性生涯健康センター心理士、東京都立六本木高等学校学校教育支援員、稲城
市市民部市民協働課いなぎ女性の悩み相談員、独立行政法人国立国際医療研究
センター病院精神科などで勤務。
現在、大東文化大学文学部教育学科講師、臨床心理士。

親密な関係間の性暴力の判断に関する心理学的研究

2019年2月20日　初版第1刷発行

著　者　　北 風 菜 穂 子

発行者　　風 間 敬 子

発行所　　株式会社 風 間 書 房

〒101-0051　東京都千代田区神田神保町1-34
電話03(3291)5729　FAX 03(3291)5757
振替00110-5-1853

印刷　藤原印刷　製本　高地製本所

©2019　Nahoko Kitakaze　　　　　　　　NDC 分類：140
ISBN978-4-7599-2262-2　　Printed in Japan

JCOPY〈(社)出版者著作権管理機構 委託出版物〉

本書の無断複製は、著作権法上での例外を除き禁じられています。複製され
る場合はそのつど事前に(社)出版者著作権管理機構（電話03-5244-5088,
FAX 03-5244-5089, e-mail: info@jcopy.or.jp）の許諾を得て下さい。